사람이 따르는 말
사람이 떠나는 말

인간관계를 결정짓는 대화습관 39가지

사람이 따르는 말 사람이 떠나는 말

히구치 유이치 지음 | **홍성민** 옮김

레몬한스푼

말투 하나로 평가받는다

누군가와 만났을 때 조금만 이야기를 해보면 상대의 지적 수준을 알 수 있다.

딱히 어려운 이야기를 한 것도, 정치나 경제에 대해 말한 것도 아니다. 머리 아픈 토론을 한 것은 더더욱 아니다. 첫 만남에서 선 채로 몇 마디 잠깐 이야기를 나누거나 술 몇 잔 기울이면서 스포츠나 연예계 이슈 등 잡담을 했을 뿐이다. 그런데도 이야기를 하고 나면 상대가 '똑똑하다'는 생각이 들기도 하고 반대로 '어리석다'는 인상을 받기도 한다.

물론 그런 인상이 나중에 달라지는 경우도 없지는 않다. 처음에는 어리석어 보였는데 지내다 보니 사실은 지적인 사람이라는 것을 알게 되는 경우다. 하지만 그런 일은 거의 드물고 대개는 첫인상이 정확하다. 같이 일을 하거나 오랜 시간 이야기를 하다 보면 첫인상대로 그 사람의 어리석음이나 똑똑함을 확인하게 된다.

생각해보면 이것은 참으로 두려운 일이다. 짧은 대화로 그 사람의 지성이 드러나기 때문이다. 별 생각 없이 나누는 대화, 가벼운 수다, 부담 없이 늘어놓는 신세타령이 매일 다른 사람에게 평가받는 것이다.

그뿐만이 아니다. 더 섬뜩한 사실은 한 인간의 능력을 평가할 때의 기준이 대화의 내용이 된다는 점이다. 다만, 학생의 경우에는 시험이 그 평가 방법이 된다. 겉으로 아무리 똑똑해 보여도 시험 점수가 나쁘면 똑똑하지 못한 것으로 간주된다. 반대로 아무리 어리석어 보여도 시험 점수만 좋으면 똑똑하다고 여긴다.

그런데 일단 사회에 나오면 시험과는 거의 무관한 생활을 하게 된다. 따라서 시험처럼 객관적으로 능력을 평가할 수단이 없어지기 때문에 똑똑한지 아닌지를 객관적으로 평가할 수 없게 되고, 결국 업무를 하는 직장이나 사적·공적 모임 등에서 주고받는 대화 내용이 그 사람의 똑똑함을 판단하는 기준이 된다.

다시 말해, 사람은 말하는 것으로 상대의 지적 수준을 판단한다. 사실 그것 외에는 판단할 방법이 없다.

그렇게 보면 '그 사람은 같이 말을 해보면 멍청한 것 같은데, 사실은 똑똑하구나' 하는 식의 일은 원칙적으로 일어날 수 없다. 바꿔 말하면 이야기를 나눠보고 나서 어리석게 느껴지는 사람은 말 그대로 어리석은 인간으로 취급된다. 그런 사람은 기존의 인상을 뒤바꿀 만한 특별한 사건이 없는 한 자신의 이미지를 새롭게 만회할 방법이 없다.

그만큼 사회인에게 일상 대화는 커다란 의미를 갖는다고 해도 과언이 아니다.

직장인 중에는 '제대로 실력을 평가해주지 않는다'거나 '상사나 동료에게 늘 가벼운 사람 취급을 당한다'는 불만을 갖고 있는 사람도 많다. 그런 사람들은 어쩌면 평소 대화에서 상대에게 어리숙해 보이는 인상을 주었기 때문일 수도 있다. 그래서 상사나 동료가 그에게 중요한 일을 맡길 수 없다고 판단했을지도 모른다.

아니, 실제로 말을 할 때 어리석어 보이는 사람은 같이 일해보면 업무 능력이 떨어지거나 거래처와 원활한 소통을 하지 못하는 등 다양한 문제를 일으키는 경우가 많다. 그런 사람이 직장에서 상사, 동료, 부하직원으로 있다면 그야말로 언제 터질지 모르는 시한폭탄을 안고 있는 것이나 다름없다.

회사 직원들은 그런 사람이 자신의 업무에 지장을 주지는 않는다 해도 주변에 있는 것만으로도 불안을 느껴 업무 외에는 가까이하려 하지 않는다. 당연히 그런 사람과는 사적인 만남도 꺼리게 된다.

나아가 업무에 대한 평가뿐 아니라 성격에도 문제가 있다고 여겨지면 그 사람은 퇴근 후 시간을 같이 보내주는 사람도 없는 외톨이 신세가 된다.

대화법이란 '사고의 습관'이다

반면, 말투 하나에도 신경을 써서 똑똑한 이미지로 보이면 주위 사람들도 지적인 사람으로 여기게 된다. 그렇게 되면 그 사람과 개인적으로 친해지고 싶어하는 사람도 많아진다. 그런 사람은 인망 있는 사람으로 여겨져 조직에서의 인간관계에도 좋은 영향을 미치는 것은 말할 나위가 없다.

똑똑한 이미지로 보이게 말하면 다음과 같은 장점도 있다. 겉으로 어리석어 보이지 않도록 주의를 기울이다 보면 자신도 모르게 실제로 지적인 사람이 된다는 점이다. 그 사람이 어리석은지, 똑똑한지는 타고난 지적 능력만으로 결정되는 것은 아니다. 그보다 훈련에 의한 영향이 크다. 선천적으로 다소 능력이 떨어져도 지적으로 생각하는 습관을 익히면 지적인 사고를 할 수 있게 된다.

반대로 아무리 좋은 두뇌를 갖고 태어났어도 지적으로 생각하는 훈련을 받지 못하면 어리석은 생각만 하게 된다. 그리고 그런 사람은 말을 할 때도 어딘가 모자란 듯한 인상을 드러내서 주변 사람을 어이없게 만든다.

말하는 방식, 즉 말투란 '사고의 습관'이다.

올바른 말투를 익혀 구사하다 보면 차츰 지적인 사람이 된다. 어리석게 말하는 것이 몸에 배면 평생 그런 인간으로 남을 수밖에 없다.

이 책은 그런 신념을 바탕으로 항간에 넘쳐나는 멍청하고 어리석은 대화법의 예를 모은 것이다.

여러분 주위에도 이 책에 나와 있는 예처럼 어리석게 이야기하는 사람이 있을 것이다. 아니 어쩌면 여러분 자신이 그런 식으로 말하고 있을 수도 있다. 이 책을 쓴 나도 때로는 그렇게 말해왔고 지금도 종종 그렇게 말할지 모른다. 그래서 주위 사람들을 어이없게 만들고 그 자리의 흥을 깨버려 멍청하고 모자란 인간 취급을 받기도 할 것이다.

이 책에 나와 있는 잘못된 사례를 읽고 그것을 거울삼아 주위를 비춰보자. 주변엔 생각보다 어리석은 대화가 많이 오간다는 것을 알게 될 것이다.

이 책을 읽다 보면 어느새 어리석은 대화습관을 반면교사 삼아 올바른 대화습관을 익히고 실천하면서 현명하고 지적인 인간으로 거듭나게 될 것이다. 이 책은 그런 의도에서 탄생했다.

이 책을 통해 많은 사람이 자신의 대화습관을 돌아보는 기회를 갖게 되기를 바란다.

CONTENTS

PART 3

인간관계를 망가뜨리는 꼴불견 대화습관

PART 4

자칫하면 만만하게 보일 수 있는 답답한 대화습관

PART 1

부하직원에게 무시당하는 어리석은 상사의 대화습관

일러두기

본문에 나오는 사례 중에는 저자의 의도를 해치지 않는 선에서 일부 한국 상황에 맞게 고친 부분이 있습니다.

제발 이런 상사는 되지 말자

스스로 경험과 지식이 풍부하다고 믿는 상사만큼 부하직원이 대하기 어려운 상대는 없다. 물론 그런 자신감을 갖는 것은 좋다. 그러나 그것을 입밖으로 내어 자랑하고, 자신의 방식을 강요하며, 자신의 가치관으로만 판단해 부하직원의 방식을 비판하고 설교를 해대는 상사는 아무리 좋게 생각하려 해도 그럴 수 없는 밉살스러운 존재다.

1장에서는 우리 주변에서 볼 수 있는 어리석은 상사의 대화습관을 예로 들어보았다. 만약 그런 상사가 직장에 있다면 어떻게 대처해야 하는지, 혹은 본인 스스로 깨닫게 하기 위해서는 어떻게 해야 하는지 그 대책에 대해서도 살펴본다.

유아독존식 말을 남발하는 사람의 가장 큰 문제는 스스로 자신의 어리석음을 깨닫지 못한다는 것이다. 만약 여러분이 상사의 위치라면 자신이 그런 식으로 말하고 있지는 않은지 되돌아보기 바란다. 조금이라도 마음에 걸리는 것이 있다면 당장 그런 습관을 고치도록 하자.

주위의 동료나 부하직원들은 의외로 그런 단점을 정확히 꿰뚫어본다. '어리석게 말한다'는 인상을 주면 업무 평가에도 큰 영향을 미친다. '이렇게 열심히 일하는데도 왜 인정해주지 않는 걸까?'라는 생각이 든다면 자신의 대화습관에 본인도 미처 모르는 문제가 있을 수 있다.

도덕 교과서 같은 설교만 늘어놓는다

모든 것을 도덕적으로만 해석하고, 무슨 말을 하든 도덕적인 설교만 늘어놓는 사람이 있다. '노력이 중요하다', '간절한 마음으로 행동하면 반드시 결과를 얻는다', '배려하는 마음이 중요하다' 등 그 누구도 반박할 수 없는 말을 한다. 그리고 덮어놓고 노력만 하면 모든 일이 해결된다고 믿는다. 본인만 그렇게 믿으면 그나마 다행이다. 그것을 사람들에게 강요하고 그렇게 하지 않는 사람을 비난한다.

굳이 말할 것도 없지만 실생활에서 벌어지는 일들은 모두 도덕적인 잣대로만 설명할 수 없다. 그렇게 돌아가지도 않는다. 사원의 정신 상태가 해이해서 회사의 상품이 팔리지 않는 것도 아니고, 끈기가 없어서 신상품 개발이 늦어지는 것도 아니다. 거기에는 여러 가지 사회적인 사정과 이유가 있다.

회사의 상품이 팔리지 않는 것은 대개의 경우 그 상품이 고객의 요구를 충족시키지 못하기 때문이다. 혹은 가격 설정이나 홍보 방식에 문제가 있을 수도 있다. 따라서 그러한 원인들을 분석할 필요가 있다.

물론 사원의 정신적인 면도 중요해서 마음가짐에 따라 어려움을 극복할 수도, 그렇지 못할 수도 있지만 그렇다고 해서 모든 것을 도덕 중심으로 생각해서는 안 된다. 부하직원들을 독려하려 한다면 '원인 규명을 서둘러라' 하는 식으로 말하는 것이 현명하다.

상사가 말로만 도덕을 강조하는 것이 아니라 실제로 도덕적인 생활을 실천하는 인물이라면 그의 말은 설득력이 있을 뿐 아니라 부하직원에게 존경의 대상이 될 것이다. 하지만 대개는 말만 앞서는 사람일 가능성이 높다.

이런 유형의 사람은 술이 한 잔 들어가면 꼭 자신의 고생담을 늘어놓는다. "내가 젊었을 때는 무조건 열심히 했어. 그래서 지금의 내가 있는 거야. 그런데 요즘 젊은 사람들은 아쉬운 것이 없는지 도통 노력이라는 것을 안 해" 하고 설교를 한다. 부하직원들은 벌레 씹은 표정으로 듣고 있는데도 본인은 그런 상황을 눈치채지 못하고 옛날 고생담을 장황하게 늘어놓는다.

말할 것도 없이 지금은 무턱대고 일만 한다고 해서 성공하는 시대가 아니다. 회사를 위해 자신을 희생하는 것도 사회 발전에 꼭 바람직하다고 할 수만은 없다. 이런 사람의 문제는 시대가 바뀌었는데도 새로운 가치관을 고려하지 않은 채 자신이 믿는 도덕을 다른 사람에게 강요하려 한다는 데 있다.

그들의 이야기에는 진부한 속담이나 격언이 등장하는 것도 큰 특징이다. "티끌 모아 태산이라는 말이 있지. 그러니까 쉼 없이 노력해야 해" "남의 모습을 보고 제 모습을 고치라고 했듯이 다른 사람의 일을 나와 상관없다고 생각하지 말고 좋든 나쁘든 남을 본보기로 해서 일하도록 해"라고 훈계한다.

결혼식에 초대되어 간단한 축하 말이라도 부탁받으면, 그야말로 도덕적인 속담의 대행진이 시작된다. '상대를 배려해라' '싸우지 마라', 가령 부부싸움을 했어도 '비 온 뒤 땅이 굳어진다'며 뻔한 말을 늘어놓는다.

도스토옙스키나 톨스토이의 문학작품마저 도덕을 가르치는 문장으로 바꿔 말할 때도 있다. 가족과 재산을 번뇌로 간주하고 전부 부정하는 불교의 가르침을 단순히 '부모를 공경하라'는 수준으로 받아들인다. 나아가 그것을 사람들 앞에서 떠들어댄다.

이런 내용은 초등학교 선생님이 아침조회 시간에 아이들을 상대로나 발할 법한 수준이다. 아니 요즘에는 초등학교 아이들도 흔한 도덕적 설교에는 귀를 기울이지 않는다.

자아를 지닌 인간에게 도덕을 강요하는 것은 바람직하지 않다. 스스로 깨닫도록 해야 한다. 사람은 저마다 다른 가치관을 갖고 있기 때문이다. 또 학문과 문학을 도덕적으로 다뤄서는 안 된다. 이런 부류의 사람은 그것을 이해하지 못하고 자신의 어리석음을 사람들 앞에 드러낸다.

도덕적 설교를 하는 사람은 대개 사장, 부장, 직속 상관이므로 반론을 하거나 무시하기가 어렵다. 따라서 잠자코 듣는 수밖에 달리 방법이 없다. 도덕적인 설교를 한다고 해서 그 사람이 꼭 선인(善人)인 것은 아니다. 그 사람 말에 반항하면 부도덕한 인간으로 비춰져 배척당할 우려가 있다. 이러한 사람을 상대할 때는 적절히 치켜세우고 속으로 웃어버리는 수밖에 없다.

혹시 내가 그런 사람일까?

우선, 모든 일은 도덕만으로는 돌아가지 않는다는 것, 도덕적인 설교를 해도 대개 의미가 없다는 것을 알아야 한다. 부도덕한 행동을 하는 사람도 도덕을 모르고 행동하는 것이 아니라 도덕을 충분히 알고 있는데도 그것을 부정하는 것이다. 그러한 사람에게는 아무리 도덕적인 내용을 설교해도 아무런 의미가 없다.

또 도덕이 보편적이긴 하지만 복잡해진 현대 사회에 상응하는 가치 기준은 될 수 없다. 대개의 경우 그것은 시대에 뒤떨어진 진부한 것이다. 도덕을 설교한다는 것은 상황을 제대로 분석하거나 이해하려 하지도 않고 시대에 뒤처진 생각을 강요하는 것밖에 안 된다는 것을 자각해야 한다.

여러분이 도덕을 강요한다는 사실을 말해줄 부하직원은 아무도 없다. 스스로 기분이 좋아져서 득의양양하게 도덕을 설교하거나, 다른 사람의 행동이나 삶의 방식을 이러니저러니 말하기보다 자신의 행동과 삶에 먼저 관심을 갖는 것이 어떨까.

남의 권위를 등에 업고 잘난 척한다

말을 하면서 자신의 권위를 세우려는 의도가 빤히 보이는 사람이 있다. 사람 이름이 나올 때마다 '내 후배 중에 ○○대를 나와서 하버드대학에서 공부하고 한국으로 돌아와 S대학에서 조교수를 하는 사람이 있는데…' '그 사람은 ○○대를 나와서 ○○은행에서 부장으로 있었는데, 다른 회사에서 오라고 해서…' 하는 식으로 호화로운 경력을 늘어놓는다.

이처럼 지인의 경력을 과시해서 자신의 격을 올리려는 행동은 사람을 경력과 지위만으로 판단하는 것처럼 보여서 상대에게 불쾌감을 줄 뿐만 아니라 자신의 어리석음을 드러내는 것이기도 하다.

또한 말을 할 때마다 '부장이 말했듯이' '사훈에도 있듯이'라며 권위를 들고나오는 사람도 많다. 상사가 같이 있을 때 그렇게 말한다면 아첨하는 것이 그 사람의 처세술이려니 하고 이해하겠지만, 습관적으로 그렇게 말한다면 그야말로 어리석음의 진수를 보여주는 것이다.

마찬가지로 자신의 생각을 드러내지 않고 '누가 이렇게 말했다'라며 자기 의견을 대신해 말하는 사람도 있다. "요즘에는 지하철 안에서 화장하는 여자가 꽤 있더군. 오늘은 50대 정도 돼 보이는 여자가 화장하는 것을 봤는데, ○○부장도 말했듯이 요즘 여자들은 부끄러운 줄을 몰라" 하는 식이다.

자신의 생각을 남에게 확실히 밝힐 때 그 사람의 지적 수준이 드러난다. 좋은 책을 참고하고 학자나 평론가의 의견을 정확하게 파악한 뒤 그것을 적용해 생각하는 연습을 하자. 그러나 남의 판단에만 의존해서는 지성을 발전시킬 수 없다.

내가 대학생이던 시절에는 주위에 마르크스주의자가 무척 많았다. 그들은 국제 및 국내 정세를 마르크스주의 사상에 입각해 분석하곤 했다. 뿐만 아니라 마르크스주의적 삶을 살도록 사람들에게 강요했다. 약간 좌익이긴 해도 마르크스 사고에 적응하지 못했던 나 같은 인간은 종종 부르주아라는 비판을 받았다. 이런 식으로 한 시대를 풍미했던 사상과 이론을 모든 것에 적용하는 사람이 있는데 그것도 마찬가지로 어리석은 행위라 할 수 있다.

마르크스주의는 분명 뛰어난 사상이다. 그것을 잣대로 사회를 보면 많은 것을 깨달을 수 있다. 마르크스주의 국가는 의미를 잃었지만, 앞으로도 마르크스의 사상 자체는 결코 의미를 잃지 않을 것이라고 생각한다.

그러나 간혹 마르크스주의자들 중에는 모든 사회 현상에 대해 200년도 넘은 마르크스 사상을 이용해 교조적으로 분석하고 언제나 똑같은 어투로 말하는 사람이 있다. 최근에는 이런 마르크스주의자들은 줄어들었지만, 그와 비슷한 권위를 내세우는 부류의 사람들은 여전히 존재한다.

말하는 본인은 사회정의를 주장하는 것일지 모르지만 주변 사람들은 그의 어리석은 경직성에 넌더리를 낸다. 상황에 맞게 생각하고 스스로 비판하는 것이 중요하다. 그렇게 해야만 참된 지성을 인정받는다는 것을 잊지 말자.

상대가 이해관계가 없는 사람이거나 부하직원일 경우에는 분명하게 그의 의견은 무엇인지 물어보는 것이 좋다. 남의 의견을 말하는 사람에 대해서는 "부장님의 의견은 알아들었습니다. 그럼 여러분은 그 의견에 무조건 찬성합니까? 그 이유는 무엇인가요?" 또는 "여러분이 생각하는 바를 말해주세요"라고 솔직하게 요구하자.

단, 상대가 상사일 경우에는 그런 식으로 분명하게 말할 수는 없다. 남의 권위를 내세우는 사람에 대해서는 자신도 남의 권위로 대항해 보는 것이 효과적이다. 상대가 '부장님이…' 하고 나오면 '사장님은 …라고 말씀하셨는데요' 하는 식으로 상대를 완곡하게 비판해 보는 것도 하나의 대책이다.

혹시 내가 그런 사람일까?

남의 의견을 말하는 것만으로는 의미가 없다는 사실을 인식해야 한다. 남과 이야기를 한다는 것은 자신의 의견을 말하는 것이다. 치졸한 의견이라고 해도 자신의 의견을 말하지 않는다면 대화가 이루어질 수 없다.

회의 석상에서는 공식 견해를 말하는 것도 중요하지만, 적어도 남의 의견이 아닌 자신의 의견을 말해야 한다. 남의 의견이나 이론을 반복하는 것으로는 회의에 참석하는 의미가 없다는 것을 알아야 한다.

물론 본인이 그것을 자각하기란 쉽지 않다. 그런 사람은 아마도 남의 권위를 내세워서 자기를 높아 보이게 했거나 업무에서 다소 유리한 위치를 차지했던 경험이 있었을 것이다. 아니면 그런 방법으로 이성에게 인기를 얻었을 수도 있다. 언젠가 한 번 크게 실수를 해서 가식적인 본성이 드러나는 쓴맛을 보지 않는 한 쉽게 자각할 수 없을지도 모른다.

자기 권위만 세우려고 한다

남의 권위를 이용하려는 것 못지않게 자기 권위만 세우려는 것도 정말 어리석은 짓이다. 이런 류의 사람은 자기 권위를 여기저기에 드러내려고 한다.

명문 대학을 나온 사람은 학력을 자랑하려고 한다. "내가 다녔던 ○○대학 후배가…" 하는 식으로 필요도 없는 자신의 출신교를 말한다. 또 자신의 출신교 이름을 직접 말하는 것이 아니라 "내가 대학생이었을 때는 ○○역 근처에 아무것도 없었는데…" 하면서 대학 이름을 바로 떠올릴 수 있게 말하기도 한다. 완곡하게 말하는 것이 지적으로 보일 것이라고 생각하는 모양인데, 오히려 불쾌감을 준다는 것을 본인은 깨닫지 못한다.

지위가 높은 친구가 있다는 것을 자랑하는 것도 이런 사람들의 특징이다. 한두 번밖에 만나지 않은 고위직 인사를 마치 친한 친구처럼 말하거나, 장관이나 유명인과 같이 찍은 사진을 이용해서 자기 지위를 높아 보이려 한다.

또 지위가 낮은 사람의 경우는 자신이 얼마나 상사의 총애를 받고 있는가를 곳곳에서 드러내려고 한다. 상사에게서 칭찬받은 이야기나 상사의 기대를 받고 있다는 이야기를 해서 자신을 대단한 인간으로 보이게 하려는 것이다. 이런 행위는 그나마 이해해줄 수 있다.

심지어 자신의 지위를 상대에게 인식시키기 위해서 온갖 수단을 동원한다. 특히 회의 자리에서 부하직원이 반대의견을 말하면 그것을 참지 못하고 "자네가 처음 들어왔을 때 생각나? 아무것도 모르는 햇병아리를 장닭으로 키워놨더니 말투가 그게 뭐야!" 하고 나무라듯 말한다.

더욱 무례한 사람은 처음부터 화를 내며 소리를 지른다.

지적인 인간일수록 폭력적인 언동에 대해 적절히 대응하지 못한다. 지성적으로 사고하는 사람도 상대가 화를 내거나 야단을 치면 너무 당황스러워 이론적으로 반론할 수 없게 된다. 그것을 알고 자신의 권위를 자랑하려는 인간은 더 큰 소리로 위협한다.

처음부터 화를 내고 소리를 지르면 상대는 위축되어 세게 나가지 못하고 잠자코 상사가 하는 말을 듣게 된다. 또 나중에 달래고 치켜세워 주면 상대는 안심하고 상사가 말하는 대로 따르게 된다.

이런 유형의 상사는 "내게 한마디 말도 없이 그런 일을 하다니 어쩔 작정이냐!" 하고 화를 내며 모든 것을 조정하려 하거나 반대로 "그런 세세한 것까지 일일이 내게 묻지 마!" 하고 화를 낼 때가 많다. 어느 쪽이든 이런 고압적인 자세로 화를 내기 때문에 부하직원으로서는 어느 장단에 맞춰야 할지 몰라 늘 주춤하게 된다.

그야말로 자신의 지위와 권력만 내세우려는 이러한 태도는 권위를 높이기에 좋은 방법이다. 사전에 고압적인 분위기를 조성해둠으로써 자신이 우위에 서서 자기 편한 대로 이야기를 해나가려는 의도다.

형식적으로 우위에 서려는 것은 바람직한 행위가 아니다. 상대를 이론적으로 설득할 자신이 없는 어리석은 사람이나 하는 짓이다. 이론적으로 설득해 권위를 높이는 것은 쉽지 않다. 교섭력이 있어야 하고 나름대로 실적이 필요하다. 확실하게 실적을 내세운 후에 권위를 높이려 한다면 효과가 있지만 그렇지 않으면 오히려 자신의 무지함과 어리석음을 드러내는 결과를 가져올 수 있다.

권위를 강조한다고 해서 지성이 높아지는 것은 아니다. 오히려 권위를 내세우려 할수록 그 사람이 지닌 지성의 얄팍함이 훤히 들여다보인다. 권위란 스스로 높이는 것이 아님을 잊어서는 안 된다. 남이 인정해줄 때 비로소 진정한 권위가 세워진다.

"당신, 그렇게 하면 바보처럼 보여"라고 말해주고 싶을 때가 있겠지만, 권위 세우는 것을 좋아하는 사람은 대개 상사나 거래처의 책임자다. 이럴 때 대놓고 반론을 펴기란 쉽지 않다. 미운털이 박혀 하는 일마다 꼬투리를 잡히기 십상이다. 상대의 권위에 도전하는 듯한 말을 하면 그야말로 두고두고 미움을 받게 된다.

가장 적절한 방법은 비판하지 않고 긍정하되, 조금은 다른 차원의 이론적인 근거를 제시하는 것이다. 그런 식으로 지혜와 지식이 있다는 것을 드러내면서 조금씩 반론을 펴는 것도 방법이다.

자신의 지위가 높아지거나 상대와 더 이상 이해관계로 얽힐 일이 없을 때까지 되도록 정면 충돌은 피하는 것이 좋다. 그런 류의 사람이 상사라면 상대의 권위를 떨어뜨리는 말을 하지 않도록 조심해야 한다.

혹시 내가 그런 사람일까?

자신이 권위만 내세우려 했다는 것을 자각하는 경우가 있다. 훗날 지위를 잃고 난 뒤 아무도 자기 말을 진심으로 들었던 것이 아니라는 사실을 깨달았을 때다.

단순히 유능한 사람을 안다는 이유로, 또 일류대학 출신이라는 이유로 비즈니스 세계에서도 으스댈 수 있다고 생각한다면 그것은 착각이고 유치한 사고방식이다. 결국 성과를 내거나 실적을 올리지 못하면 아무도 상대해 주지 않는다.

모두가 가까이하기 꺼리는 존재가 되기 전에 지성과 권위는 기본적으로 합치하지 않는다는 것을 알아야 한다. 권위의 힘으로 자신의 변명에 설득력을 갖게 하려는 것은 돈의 힘으로 사랑을 얻으려 하는 것과 똑같다. 그렇게 하면 할수록 허무함만 깊어질 뿐이다.

지성에 설득력까지 갖추면 그 사람의 의견은 자연히 힘을 갖는다. 상대를 권위로 누르는 것이 아니라 설득력으로 압도해야 한다.

자신의 가치관만으로 모든 것을 판단한다

자신의 가치관을 갖는 것은 중요하다. 뚜렷한 가치관이 없어 무엇을 믿고 어떻게 행동해야 할지 모르는 사람이 의외로 많다. 그러다 보니 삶의 주체성도 부족하고 명확한 기준도 없이 살아간다.

당연한 말이지만 모든 일은 결국 자신의 가치관으로 판단할 필요가 있다. 남의 판단에 의지해 살아갈 수는 없다. 자신의 가치관으로 자기 인생을 결정하고 자신의 가치관이 타인의 가치관을 긍정하거나 부정하는 잣대가 되어야 한다.

'이것도 좋고, 저것도 좋다'는 식이어서는 발전이 없는 사회가 될 수밖에 없다. 뭐가 잘못되고 잘된 것인지는 분명히 가릴 필요가 있다. 그렇다고 해서 자신의 가치관만으로 모든 것을 판단해서는 안 된다.

가령 부하직원이 신중하게 일을 처리한다고 하자. 그는 일을 시원시원하게 처리하기보다 돌다리도 두드려보고 건너는 식으로 행동하는 유형이다. 그래서 그 일을 할 수 있는지 물어도 "글쎄요, 잘 모르겠지만 힘닿는 데까지 해보겠습니다"라고 시큰둥하게 대답한다.

그런 말을 들었을 때 자신의 가치관만으로 판단하는 상사는 그 부하직원을 '소극적이고 의욕이 없는' 인물로 여긴다. 그리고 경우에 따라서는 그 사람을 멀리하거나 한직으로 좌천시키기도 한다.

그러나 한편으로 생각해보면 그 사람은 주도면밀하기 때문에 여러 상황을 헤아려서 실패하지 않는 방향으로 행동하는 것일 수도 있다. 그 부하직원은 의욕이 없는 것이 아니라 의욕을 저돌맹진(猪突猛進, 멧돼지가 무서운 기세로 돌진하는 모습에서 유래된 일본의 사자성어)이라고 생각하지 않을 뿐이다. 오히려 실패의 우려가 있는 점에 주의하면서 신중하게 행동하는 것을 의욕이라고 생각한다.

이처럼 가치관과 사고방식에 따라서 같은 행동이 다르게 보일 수 있다. 상대의 변명을 들어보면 '그런 깊은 의미가 있었구나' 하고 놀랄 때가 있다. 따라서 자신의 가치관만으로 모든 사물을 판단해서는 안 된다.

간혹 자신의 가치관으로만 판단하는 사람은 그 외의 가치관이 있다는 것을 깨닫지 못한다. 자신과 다른 가치관으로 행동하는 사람을 무조건 뒤떨어졌다, 잘못되었다, 반항하려 한다고 여긴다.

그들은 "나는 … 하는 인간은 용서할 수 없어. 인간은 …해야 하잖아" 하고 단언한다. 가령 "나는 제대로 예의를 갖춰 인사하지 않는 무례한 인간은 용서 못 해", "나는 연말이나 새해에 윗사람에게 선물을 보내지 않는 인간은 이해할 수 없어. 그건 최소한의 예의야", "나는 책을 읽지 않는 인간은 대할 가치가 없다고 생각해. 책을 읽지 않는 인간은 성장할 수 없어", "남자답게 당당하지 못한 인간은 꼴불견이야. 남자는 남자답게 씩씩하고, 여자는 여자답게 상냥해야 해" 하고 말한다.

그리고 상대의 변명을 듣지 않고 무조건 단죄한다. 상대가 자기 생각을 말하려 해도 그것에 귀 기울일 마음이 없다. 변명하려는 인간은 인간으로서 기본이 안 돼 있다는 생각에 아예 외면해버린다.

교양과 포용력을 갖춘 태도란 자신과 다른 가치관도 허용하는 것이다. 자기만의 좁은 가치관에 얽매이지 않고 다른 가치관을 이해하고 폭넓은 사고방식으로 판단하는 것이다. 자신의 가치관에서 한 걸음도 양보하지 않고 타인을 재단하려고 하는 것은 말하자면 다른 나라의 법으로 자국의 사람을 처벌하는 것과 같다. 그래서는 지적인 태도라 할 수 없다.

자신의 가치관을 확실하게 갖고 있으면서 다른 사람의 가치관과 행동도 이해하려고 노력하는 것, 그런 다음 어느 쪽이 옳은지 판단하는 것이 가장 지성인다운 행동이다.

위와 같은 유형의 사람에 대해서는 확실하게 자신의 생각을 피력해야 한다. 그런 사람이 상사라고 해도 두려워해서는 안 된다. 주저 없이 "나는 …한 생각을 가지고 행동했다"라고 분명히 설명할 필요가 있다. 아니, 그러한 행동을 취하기 전에 "나는 …한 생각을 가지고 앞으로 행동할 것이다"라고 사전에 밝혀두는 것이 좋다. 그렇게 하면 상사도 가치관이 다른 부하직원에 대해 '자기 생각이 뚜렷하다'라고 인정해 자신의 가치관을 강요하는 일이 줄어들 것이다.

타인의 가치관을 바꾸기란 어려운 일이다. 따라서 기회가 있을 때마다 자신의 행동을 설명할 필요가 있다. 이런 유형의 사람에게는 조금 지나치다 싶을 정도로 자신을 표현하는 것이 좋다.

만약 아무리 말로 설명하고 표현해도 자신의 가치관을 강요하는 사람이 있다면 '타인의 가치관을 전혀 인정할 줄 모르는 사람'이라고 판단해 조심할 수밖에 없다.

그런 사람이 직속 상관으로 있는 동안에는 상대에게 맞추려고 노력해 보거나 하루라도 빨리 벗어날 수 있도록 부서 이동을 신청하는 것도 방법이다.

혹시 내가 그런 사람일까?

자신의 가치관을 강요하는 사람은 남이 자신과 다른 가치관을 갖고 있거나 다양한 가치관이 있다는 것을 고려하지 못한다.

용서할 수 없다고 생각되는 행동을 하는 사람이 있더라도 무조건 비난만 할 것이 아니라 그가 어떤 가치관을 가지고 있는지, 왜 그런 행동을 했는지, 어떤 사정이 있는지 생각해봐야 한다. 즉, 타인의 입장에서 이해하는 자세가 요구된다. 그런 태도로 당사자에게 "왜 그런 행동을 했느냐"고 물어보면서 대화를 통해 상대를 이해하도록 해보자.

근거를 말하지 않고 결론부터 내린다

자기의 의견을 말할 때는 그 근거를 설명해야 한다. 가령 애인에게 헤어지자고 한 후 그 이유를 말하지 않으면 상대는 불같이 화를 낼 것이다. 옛날에는 연인 사이에 서로 이유도 묻지 않고 헤어지는 것이 일종의 미학이었을지 모르지만, 현대 사회에서는 비난의 대상이 될 수도 있다.

어떤 판단이든 그것에는 이유와 근거가 있어야 하고 책임이 뒤따라야 한다. 개인적인 감정뿐 아니라 공적인 업무나 정치·경제적인 의견의 경우에는 더욱 그렇다.

어째서인지 근거를 말하지 않는 사람이 꽤 있다. 그들은 단순히 이렇게 말할 뿐이다. "말을 얼버무리면 꼴사납잖아", "사립중학교에 아이를 보내는 건 의미가 없어", "이 실수는 자네 책임이야" 등. 물론 그 후에 왜 얼버무리는 게 꼴사나운지, 왜 사립중학교에 아이를 보내는 것이 무의미한지, 왜 그 실수의 원인이 '자네'에게 있는지를 정확히 설명하면 그것으로 이해가 될 것이다. 그들은 그런 설명을 하지 않는다. 그것으로 끝이다.

누가 "왜 그런데요?" 하고 물으면 "그런 것도 몰라?", "잘 생각해봐", "이렇다 저렇다 생각할 필요 없어. 그건 그냥 나쁜 거야", "그런 것은 당연한 거야"라고 대답한다.

물론 상사가 부하직원을 질책할 경우, 때로는 스스로 문제가 뭔지 생각하게 하려는 의도에서 일부러 근거를 말하지 않을 때도 있다. 물론 스스로 발견해야 자기 것이 된다. 그러나 근거를 말하지 않고 상대를 설득하려 드는 것은 무리수를 두는 셈이다. 그 근거에 설득력이 있어야 상대를 신뢰하게 된다. 제대로 근거를 말하지 않는 것은 자신있게 근거를 댈 수 없음을, 즉 자신이 어리석음을 나타낼 뿐이다.

이런 사람은 "싫으니까 싫다", "좋기도 하고 싫기도 하다"라는 말을 자주 쓴다. 그리고 여러 상황에 대해서 근거를 말하지 않고 무조건 부정한다. 심지어 근거를 생각하려 하지 않는다. 입맛처럼 생리적인 것을 제외하고는 좋아하는 것에는 분명히 근거가 있다. 연애 드라마를 좋아하거나 창가 쪽 자리를 좋아하는 것에 어떤 이유가 있는 것처럼.

가령 "연인들의 이야기를 보고 있으면 나도 사랑을 하고 있는 것 같은 기분이 들기 때문에 연애 드라마를 좋아한다"거나 "차창 밖 풍경을 보고 있으면 기분 전환이 되어서 창가 쪽 자리를 좋아한다"거나 하는 식으로 나름의 이유가 있다. 이유를 말할 수 없다는 것은 자기 분석이 불가능하다는 것을 입증하는 것에 다름 아니다.

음식이나 입맛도 "남쪽 지방 출신이라서 이런 음식을 좋아한다", "유전적으로 술에는 약해서 술을 잘 안 마신다" 등 타당한 이유가 있다. 그 같은 이유를 말해야 상대도 납득한다.

이런 사람이 갈등과 분열을 조장하는 정치적 발언을 하면 상황은 더욱 심각해진다. 예를 들어 타인에게 자신이 지지하는 당에서 추진하는 정책을 무조건 찬성하라고 말하고는 왜 그런지 그 이유에 대해서는 말하려 하지 않는다. 아니, 아무래도 그런 것은 생각한 적이 없는 듯하다. 근본적인 문제를 생각하지 않고 그저 비슷한 가치관을 가진 사람들끼리만 이야기를 하기 때문이다. 이런 사람에게 생각의 근거를 따져 물어보면 화를 낼 수도 있으니 조심해야 한다.

특히 업무에 관해서 근거를 말하지 않고 결정을 내리면 부하직원으로서는 여간 곤혹스러운 것이 아니다. 이유를 물어도 늘 "스스로 생각해"라는 대답만 돌아온다. 이런 태도는 '저 상사는 사실 이유를 모르는 거야'라는 인식을 갖게 할 뿐이다. 그 결과 부하직원은 그 상사를 신뢰하지 않게 된다.

회사 내에서 젊은 사람들과 일할 경우나 가치관이 다른 사람과 교류할 기회가 많아질수록 근거를 확실하게 밝히지 못하면 어리석은 인간으로 취급당할 수밖에 없다.

판단 근거를 말하지 않는 사람에게는 생각할 수 있는 몇 개의 근거를 제시하고 그 가운데에서 어떤 것인지 선택하게 하는 것도 하나의 방법이다. 즉 “저의 책임이라고 말씀하셨는데, 그 근거는 …인가요, 아니면 …인가요?” 하고 물어보는 것이다.

아무것도 생각하지 않는 상대라 해도 그 가운데 하나를 선택할 수는 있을 것이다. 그렇게 해도 근거를 말하려 하지 않는다면 상대는 단지 감정과 기분에 따라 말하는 사람이라고 생각해도 좋다. 이처럼 같은 상황이라도 그때그때 다르게 판단하는 사람이 상사라면 그가 내린 결론은 한 귀로 듣고 한 귀로 흘려버리도록 하자.

혹시 내가 그런 사람일까?

근거도 없이 말하기 좋아하는 사람들끼리 모여서 대화하는 상황이라면 차라리 속 편할 것이다. '…라고 생각한다'만으로도 서로 이야기가 통할 테니까.

그러나 일을 하다 보면 자기 입맛에 딱 맞는 상황만 전개되는 것은 아니다. 혼자서 모든 일을 처리하지 않는 한 아무리 나이 어린 부하직원일지라도 확실한 근거나 이유도 없이 상대를 설득할 수는 없다.

사람마다 가치관이 다르고 생각도 다르다는 것을 명심하자. 만약 여러분이 상사라면 사내에서야 부하직원들이 여러분의 강요를 묵묵히 듣고 따를지 모르지만, 상하관계가 없는 세계로 나가면 아무도 여러분의 강요에 귀를 기울이지도, 따르지도 않는다는 것을 금방 알 수 있다. 말할 때 항상 "…라고 생각한다. 왜냐하면" 하고 그 뒤에 반드시 그렇게 생각한 근거를 말하는 습관을 들이도록 하자.

그리고 모든 행동과 현상에는 배경이나 근거가 있다는 것을 인식하자. 타인의 행동에 대해서도 '왜 저렇게 할까' 하고 생각하는 습관을 가질 뿐만 아니라 자신의 행동에 대해서도 분석적으로 생각하는 훈련을 하면 분명하게 근거를 말할 수 있게 된다.

사사건건 트집만 잡는다

비판의 달인이 있다. 모두 괜찮다고 여기는 것도 "그 점이 좋지 않다", "이것으로는 안 된다"며 반드시 그냥 넘어가는 법이 없다.

TV 드라마를 볼 때도 "저런 말도 안 되는 일이 어디 있어", "아까 나온 장면하고 앞뒤가 안 맞잖아", "아무리 드라마지만 세상에 저런 우연이 가능해?" 하고 일일이 트집을 잡는다. 시사 프로그램에 나오는 해설자의 발언에 대해서도 "이봐, 당신 바보야?", "그럴듯한 말만 하지 말고 그것을 실현하려면 어떻게 해야 하는지 말해야 할 것 아니야" 하고 예민하게 반응한다. 비판 정신이 왕성해 만족이라는 것을 모르는 사람이다.

물론 비판하는 것 자체가 어리석은 행동은 아니다. 오히려 비판할 수 있다는 것은 일반적으로 지성을 갖춘 태도로 여겨지기도 한다. 적어도 그 비판에 어느 정도 설득력이 있다면 말이다.

그러나 비판만 하고 건설적인 대안이나 의견이 없다면 그것은 제대로 알고 있다고 볼 수 없다. 이런 류의 사람은 다른 사람의 흠밖에 들춰낼 줄 모른다.

이런 사람은 결코 누가 어떤 말을 해도 그것에 찬성하지 않는다. 또한 칭찬에도 상당히 인색할 것임에 틀림없다. 요것저것 세세한 것을 끄집어내서 하나하나 비판한다. "이것으로 되겠어? 자네 기획안은 온통 결점뿐이야. 우선, 고객의 유형도 다섯 유형으로는 부족해. 판매 전략도 자네가 말하는 식으로는 안 돼. 이래서 어디 물건이 팔리겠어?" 하고 트집을 잡는다.

그래서 다음 회의 때 지적받은 부분을 수정해 발표하면 또다시 비판한다. "아냐, 아냐. 고객을 여덟 가지 유형으로 늘렸지만 그래도 아직 부족해. 판매 전략도 여기 있는 것처럼 되지는 않아. 다른 경우도 충분히 생각해봐."

비판 자체는 정확하다고 해도 이렇게 꼬치꼬치 지적하면 상대는 어이가 없어진다. 무엇을 지적하는 것인지도 모르겠고 어떻게 해야 할지도 알 수 없게 된다.

확실한 대안을 제시하지 않고 무조건 비판을 했기 때문이다. 비판을 하려면 "XX로는 안 돼. ○○여야 해" 하는 식으로 대안을 제시하는 것이 기본 예의다. 아무런 대안 없이 트집만 잡아서는 건설적인 비판이라고 할 수 없다. 상대를 괴롭히는 것밖에 되지 않는다.

이렇게 무조건 비판만 하면 사람들로부터 따돌림을 당할 수도 있다. 그리고 '능력 있는 사람'이라고 인정받기는커녕 '트집만 잡는 속 좁은 인간' 취급을 당하게 된다.

이런 사람이 어리석은 이유는, 그의 비판이 일을 진행하는 데 방해만 될 뿐 어떤 긍정적인 영향을 미치거나 조금도 도움이 되지 않기 때문이다. 이런 행동은 단순히 부하직원을 들볶거나 자신의 능력을 어필하기 위한 것이라고밖에 생각할 수 없다. 이런 사람 밑에서는 일을 제대로 배울 수도 없을 것이다.

이런 상사는 부하직원의 능력을 전혀 인정하지 않는 인간이라고 손가락질 당할 수도 있다.

만약 트집만 잡는 상사에게 비판을 받게 되면 위축되지 말고 "그럼 구체적으로 어떻게 하면 될까요?" 하고 당당히 물어보자. "힌트를 주시면 좀더 좋은 기획안을 제출하는 데 도움이 될 테니 부탁드립니다" 하고 말해본다.

이런 식으로 대응하면 상사도 비판만 하는 것이 소용없다는 것을 깨달을 것이다. 그렇게 했는데도 깨닫지 못한다면 한 가지가 아니라 몇 가지 기획안을 동시에 제출해서 선택하게 하는 방법을 써볼 수도 있다. 그래도 안 되면 감정적인 비판에는 신경을 쓰지 않으면 된다.

혹시 내가 그런 사람일까?

이런 사람은 대개 상대가 말하는 것을 제대로 듣지 않는 습관이 있다. 자신이 다른 사람을 비판하기만 한다는 생각이 들면, 다른 사람의 의견을 충분히 듣고 그것에 대해 고려해보는 시간을 가질 필요가 있다.

그러기 위해서는 우선 '맞아'라는 말을 입버릇처럼 하자. "맞아. 자네의 말에는 일리가 있어" 하고 상대의 긍정적인 면을 먼저 인정한다. 그 후에 지적할 것을 지적하자. 그렇게 하면 상대도 지적당한 부분에 대해 큰 상처를 입지 않는다. 상황에 맞게 '맞아'라는 단어를 적절히 사용해보자.

의사소통이란 서로를 인정하는 것에서부터 시작한다. 비판 상대의 노력을 인정하고 그 장점을 인식한 후에 해야 효과적이다. 상대의 변명을 듣고 그것을 고려한 다음 대안을 제시하면서 비판하는 것이다. "이 부분을 이렇게 하면 좀더 나아질 것 같다"며 지적할 부분을 정확히 말하면 상대는 무엇이 잘못되었는지, 또 앞으로 어떻게 해야 할지를 알게 되어 업무능력이 더욱 향상될 것이다.

단순한 몇 가지 정보로 선불리 결론짓는다

어떤 사안에 대해 단순한 몇 가지 정보로 쉽게 결론을 내리는 것은 어리석은 태도다.

TV에서 '어떤 사람이 퇴근 후 집에 돌아와 아내의 사체를 발견했다'는 뉴스가 나오면 "범인은 남편이야" 하고 단순히 판단해버린다. 또는 '한 여성이 친구를 살해했다'는 뉴스를 들으면 "저 여자는 자기가 못 배워서 많이 배운 사람이 미웠던 거야" 하고 쉽게 결론 내린다. 이 정도면 그나마 나은 편이다.

심지어 이런 사람은 재빨리 결론 내리지 못하는 사람을 어리석다고 생각한다. 아는 것도 없고 경험도 없어서 신속한 결론을 내리지 못한다고 판단하는 것이다.

어떤 사건에 대해 즉각적인 판단을 내리지 않는 것은 부족한 정보만으로는 단정을 지을 수 없기 때문이다. 따라서 지혜로운 사람이라면 좀더 조사하고 알아볼 필요가 있다고 생각한다.

의외로 뉴스 해설자들 중에도 섣부르게 판단하는 사람이 적지 않다. 가령 살인사건이 보도된 후 뉴스 해설을 들어보면 그런 예를 자주 발견할 수 있다. 현재 확실한 것은 아직 아무것도 없다. 밝혀진 것은 살해된 인물이 유흥가에 자주 갔던 10대 여성이라는 것뿐이다. TV에서 해설자가 현대 젊은이의 심리와 위험한 놀이문화에 대해 열변을 토한다. 그리고 이야기를 발전시켜서 유흥가를 찾는 미성년자의 위험성에 대해 말하기 시작한다.

뉴스 해설자는 우리가 모르는 사항을 좀더 깊이 알고 있을지도 모른다고 생각했는데, 그렇지도 않은 듯하다. 얼마 안 되는 정보로 이것저것 짐작해서 말할 뿐이다.

직장에서의 업무 역시 마찬가지다. 직장에서 어떤 사고가 일어났다고 하자. 물론 거기에는 여러 가지 원인을 생각할 수 있다. 그중에서도 가장 가능성이 높은 원인이 있다. 그런데 위와 같은 사람은 신중하게 분석하지 않고 '그럴 게 뻔해'라고 섣부르게 결론지어 버린다. 그 결과 엉뚱한 일이 벌어질 수도 있다. 따라서 몇 가지 가능성을 염두에 두고 가능성이 높은 순서대로 검증해볼 필요가 있다.

사고가 생긴 원인에 대해 따져볼 때는 많은 가능성을 열어두어야 한다. 누구나 쉽게 생각할 수 있는 것이 가장 가능성이 높은 것일 수도 있지만, 그 외에도 가능성은 얼마든지 있다. 충분하지 않은 정보로 쉽사리 결론짓는 것은 그 많은 가능성을 제외해버리는 것이다.

물론 그 가능성이 너무 많으면 때로는 행동으로 옮기기 어려워질 수도 있다. 가령 비리를 저지른 어떤 정치인이 그 사건에 대해 추궁당하자, "나는 처음 듣는 얘기다. 전부 비서가 한 일이다", "그 사람과는 다른 용건으로 만났을 뿐, 일 이야기는 전혀 하지 않았다"는 식으로 변명한다고 치자. 여러 가지 가능성을 생각하면 그럴 수도 있겠구나 싶은 생각이 든다.

지식인은 너무 많은 가능성이 머리에 떠오르기 때문에 쉽게 행동할 수 없다고 하는데 그것은 이런 예를 두고 하는 말이다. 제대로 알고 행동하지 않으면 어떤 결과를 가져올지 한 번쯤 생각해볼 일이다.

가장 가능성이 높은 것에 대해서는 분명한 대책을 세울 필요가 있다. 적은 정보만으로 결론을 내리는 것은 위험하고 비과학적이다. 이후에 새로운 정보가 추가되면 그때까지 이야기했던 것이 빗나갔다는 것이 드러나 낭패를 보게 된다. 그런 점에서 경솔하게 결론 내리는 행동은 삼가야 한다.

특히 비즈니스 세계에서는 일단 결론을 지어버리면 되돌릴 수 없는 경우가 많다. 상사가 이런 사람이라면 부하직원으로서

"다른 가능성도 있습니다" 하는 식으로 주의를 환기하고 다양한 대안을 생각해볼 것을 제안할 필요가 있다.

직장에 이런 사람이 있다면 "적은 정보로는 그렇게 말할 수 없다. 좀더 정보를 모아야 한다"라고 반대 의견을 표명해보자. 그렇지 않으면 중대한 일에 실수를 초래할 수도 있다.

그러나 업무상 크게 손해보는 경우가 아니라면 적은 정보로 결론을 지었을 때 어느 정도 맞는지, 자신의 결론과 다른 결과가 나왔을 때 어떤 반응을 하는지 지켜보는 것도 한 가지 방법이다.

혹시 내가 그런 사람일까?

자신에게 무슨 일이든 '이건 이렇다' 하고 결론짓는 습관이 있다고 생각된다. 평소 가정에서 가족으로부터 그런 지적을 받지 않는지 돌아볼 필요가 있다. 직장에서 상사는 물론이고 동료나 부하직원이 그런 지적을 해주는 일은 드물다.

자신이 그렇다고 생각되면 '눈에 보이는 것 이상의 뭔가 다른 실상이 있지 않을까' 하고 생각하는 습관을 들이는 것은 어떨까. 이런 습관을 들이는 데는 추리소설을 읽는 것이 도움이 된다. 일반적인 생각과는 다른, 사건의 이면을 추리하고 사고하는 습관을 기를 수 있기 때문이다.

현실 세계에서도 불가사의한 일들이 드물지 않다는 것을 알아야 한다. 세상은 생각만큼 단순하게 돌아가지 않는다. 그것을 알면 간단한 추리만이 아닌 더 많은 정보를 모을 필요가 있다는 것을 느낄 것이다.

이해하기 어려운 추상적인 말을 사용한다

말이 추상적인 사람이 있다. 가령 이런 식이다. "요즘 젊은이는 대상(對象)에 대해 주관적이다. 그런 상황을 고치려면 좀더 상대적 사회를 파악할 수 있도록 하는 교육이 필요하다."

이 말만으로는 무슨 뜻인지 이해할 수 없다. 그래서 무슨 말이냐고 질문하면 이렇게 대답한다.

"그러니까 요즘 젊은이는 대상을 대상으로 보는 것에 익숙하지 않다는 것이다. 대상을 자기의 연장선으로 받아들이기 때문에 주관적이 되는 것이다. 따라서 그것을 개선하기 위해서는 세계는 상대적이라는 인식이 필요하다."

그의 설명을 들으면 이해하기 쉬워지기는커녕 더욱 미궁에 빠지고 만다. 질문을 하면 할수록 더욱 알쏭달쏭해지기 때문에 많은 사람이 질문하기를 포기한다.

아무튼 이런 사람들은 '그래서', '따라서', '필연적으로 …가 된다' 하고 말하는데, 앞에서 말한 것과 뒤에서 말하는 것이 '그래서', '따라서'로 어떻게 연결되는지 알 수 없다. 이처럼 상당히 어려운 용어를 사용해 말하는 사람은 때로 높은 지위에 있기 때문에 듣는 입장에서 '혹시 다른 사람은 다 이해하는데 내 머리가 나빠서 나만 이해를 못 하는 것은 아닐까?' 하는 의문이 들어 선뜻 질문을 못하게 된다.

놀라운 것은 이렇게 추상적인 이야기를 듣고도 그것을 이해한 듯이 그와 똑같은 방식으로 이야기를 나누는 사람이 있다는 것이다. 때로는 그런 사람 둘이 서로 이야기가 통하는 것처럼 열심히 대화를 나누기도 한다.

그러나 그런 장면에 압도되어서는 안 된다. 실제로 그런 장면이 연출된다고 해도 사실은 서로 이해하고 있는 것이 아니다. 만약 서로 이해하고 있다면 그처럼 알기 어려운 말을 사용할 리 없다. 분명 두 사람 모두 상대의 말을 제대로 이해하지 못한 채 자기 멋대로 해석하고 이해한 척할 뿐이다.

같은 분야를 연구하는 연구자나 학자끼리라면 다른 분야의 사람들은 전혀 이해할 수 없는 추상적인 이야기가 오갈 수도 있다. 하지만 특수한 분야의 전문가도 아니고, 게다가 그 분야와 관계 없는 사람들이 있는 곳에서 이야기를 한다면 그런 어려운 말은 쓰지 않는 것이 좋다.

이런 유형의 사람은 무엇보다 자기 기준으로 말한다. 또는 어떤 책을 통해서 알게 된 말을 그 말의 정의도 정확히 모른 채, 자기가 이해한 대로 사용한다. 그래서 다른 사람은 무슨 말인지 이해하지 못한다. 가령 앞의 말을 예로 들자면 '대상에 대해 주관적이다', 상대적 세계다' 하는 것이 어떤 의미인지 분명하지 않다.

실제로 어떤 일이 일어나고 있는지도 명확하지 않다. '대상에 대해 주관적이다'라는 것이 구체적으로 어떤 것인지, 그 말이 무엇을 의미하는지 분명하게 말하려 하지 않는다. 구체적으로 설명할 수 없다는 것은 자기가 말하려는 것에 대해 제대로 파악하지 못했다는 뜻이고 그래서 추상적으로밖에 말하지 못하는 것이다. 명확히 이해하지 못하기 때문에 애매하게 말하는 것이다. 제대로 이해하고 있으면 분명하게 설명할 수 있고, 구체적인 예를 들어 누구나 알 수 있게 말할 수 있다.

또한 단어 사용이 적절하지 못하다. 일반 사람들이 쉽게 이해할 수 없는 단어들을 사용하여 공감대를 형성하지 못한다. 이런 습관을 지닌 사람들은 어렵게 말하는 것이 지성의 상징이라고 생각하기도 한다. 그들은 자기들처럼 말하는 것이 똑똑한 것이라고 믿는다. 그것을 이해하지 못하는 사람에 대해 우월감을 갖고 있다. 실제로는 그런 말을 쓰는 사람일수록 어리석다는 것을 이해하지 못한다.

업무 이야기를 추상적으로 하면 듣는 쪽은 당황하게 된다. 잠자코 듣고 있으면 상대는 자신의 애매한 이야기가 통한다고 생각한다.

상사가 그런 식으로 이야기하는 사람이라면 '알아서' 이해하지 말고 분명하게 질문을 하자. "그것은 구체적으로 어떤 것이죠?" 하고 묻는다. 만약 추상적으로 이야기하기를 좋아하는 사람이 정말로 지적인 사람이라면 질문한 사람이 이해하도록 설명해줄 수 있을 것이다. 만약 오히려 더 알아들을 수 없는 추상적인 이야기를 한다면 그 사람은 지성이 부족하다고밖에 볼 수 없다.

업무에 관한 이야기라면 끈질기게 질문하라. 단, 업무와 관계없는 말이라면 상대가 상사일 경우 한 귀로 듣고 한 귀로 흘려버리면 되고, 동료나 친구라면 좀더 구체적으로 말해달라고 분명하게 요구하면 된다.

혹시 내가 그런 사람일까?

이런 사람은 어려운 말을 사용하는 것이 지성인다운 말투라고 생각한다. 알기 쉬운 것도 굳이 어렵게 말하고 싶어한다. 지적 콤플렉스가 강한 사람에게 이런 경향이 강하다. 어려운 말을 쓰면 자신이 지적으로 보일 것이라고 생각하지만 그것 때문에 오히려 뒤에서 손가락질을 당한다는 것을 깨닫지 못한다.

복잡하고 알기 어려운 내용이라도 그것을 알기 쉽게 설명하는 사람이야말로 지성인이라는 증거다. 정확하지도 않으면서 난해하게 말하는 것이 지적으로 보일 것이라고 생각하는 것은 착각이다. 지적인 사람일수록 명료하고 알기 쉽게 말한다.

어려운 말로 상대를 당황스럽게 하여 일시적으로 우월감을 느낄지는 모르겠지만 상대는 결코 쉽게 납득하지 않을 것이다. 오히려 상대는 그런 사람에게 지적 콤플렉스가 있다는 것을 알고 무시할 수도 있다.

궤변으로 자기 의견을 주장한다

궤변을 늘어놓으면서까지 자기 생각을 주장하는 사람이 있다.

이런 사람은 자기가 똑똑하다고 생각하는 동시에 다른 사람을 비판하는 데도 일가견이 있다. 그리고 토론을 벌여도 지지 않을 자신감을 갖고 있다. 그래서 호전적으로 말싸움을 걸어온다. 물론 상대방의 입장도 배려하면서 제대로 토론을 할 때는 괜찮다. 그런데 자신에게 불리한 형세가 되거나 어떡해서든 자기 주장을 굽히지 않으려 할 때 궤변을 늘어놓기 시작한다.

이런 사람이 잘하는 것은 '입씨름'이다. 자기 주장이 먹히지 않고 형세가 좋지 않다고 판단되면 갑자기 "나는 그렇게 말하지 않았다. 내가 말하고 싶은 것은 이런 것이다" 하고 그때까지의 자기 주장을 동전 뒤집듯 바꿔버린다. 때로는 "그렇게 들렸다면 내 말하는 방식이 잘못된 것일지도 모른다. 그러나 내가 말하고 싶었던 것은 그런 것이 아니다"라고 말한다. 그러면서 억지로 꿰맞추려고 한다.

그리고 '입씨름'으로 몰아가기 위해 사용하는 것이 '정의(定義) 바꿔치기'라는 테크닉이다. 가령 '테러'에 대해 이야기한다고 하자. 자신의 의견이 다른 사람들로부터 총공격을 받으면 이런 유형의 사람은 "내가 말하려고 하는 것은 동시다발성 테러가 아니라…"라면서 다른 사람들이 논의하고 있던 말의 정의를 뒤엎어버리고 그때까지의 토론을 다시 처음으로 돌려놓는다.

많은 사람이 그 말을 듣고 '지금까지 말했던 것은 대체 뭐였나? 조금 전까지 이 사람도 분명히 동시다발 테러에 대해 말하고 있지 않았나?' 하고 의아해 한다.

또 하나, 이런 유형의 사람이 자주 사용하는 것이 상대의 의견을 단순화하는 기술이다. 가령 상대가 "이대로 가다가는 어쩌면 이 회사가 위험에 처할지도 모른다"라고 말했다고 하자. 이에 대해 "당신은 이 회사가 위험하다고 했는데 그렇지 않다. 당신이 맞는지 아닌지 내기하자. 1년 후에도 회사가 망하지 않으면 당신의 판단은 잘못된 것이다" 하고 반응한다. 즉, 상대가 "가능성이 있다", "우려가 있다"라고 말한 것을 '틀림없이 그렇게 된다'는 식으로 왜곡해 공격하는 것이다.

참다 못한 상대가 "나는 그렇게 말한 기억이 없다. 우려가 있다고 말했을 뿐, 틀림없이 그렇게 된다는 말은 한 적이 없다"라고 되받아치면 "의견을 뒤집는 것이냐? 자기가 한 말에 책임을 져라" 하고 다그친다.

그 외에 "좋은 점도 있다", "나쁜 점도 있다"를 '좋다' '나쁘다'로 단순화해버리기도 한다. "그 사람에게는 좋은 점도 있다"는 말은 일반적으로 '그 사람은 대체적으로 좋지 않은 점이 많지만 부분적으로는 좋은 점도 있다'라는 뜻인데, 그 말을 "너는 그 사람을 좋은 사람이라고 말했다"로 만들어버린다.

게다가 전후관계를 무시하고 받아들일 때도 많다. 사람의 의견은 그가 처한 상황을 고려해서 받아들여져야 한다. "지금의 상황에서 미국에 협력하는 것은 위험하다"라고 말하는 사람이 있으면, 이런 유형의 사람은 그 전후관계를 무시하고 "당신은 미국에 협력해서는 안 된다고 생각하는 것 같은데, 그것은 잘못되었다"라고 말한다. '…의 경우에는 …해야 한다'라는 의견에 대해서도 '…의 경우에는'의 부분을 무시하고 판단한다.

이런 사람이 상사일 경우 부하직원들로부터 아무리 비판을 받아도 절대로 자기 의견을 바꾸려 하지 않는다. 자기가 틀린 것이 분명한데도 책임을 인정하지 않고 궤변을 늘어놓아 어떻게해서든 벗어나려고 한다. 부하직원으로서는 끝까지 책임을 추궁할 수도 없기 때문에 그런 상사는 그야말로 골치 아픈 존재다.

궤변에는 설득력이 없다는 것을 주변에서 깨닫게 해줘야 한다. 그러려면 상하관계가 아닌 동료나 친구 관계에서는 거리낌 것 없이 "이런, 또 궤변이 시작되는군" 하고 옆에서 넌지시 알려주자. 그렇게 하면 본인도 점차 조심하게 된다.

한편으로는 그 사람이 어떤 궤변을 늘어놓을지 한번 들어보는 것도 시도해볼 만한 방법이다.

문제는 이런 유형의 사람이 상사일 경우다. 업무 이야기는 가능한 한 둘만 있을 때 하는 것을 피하고 상사와 동급이거나 직책이 그보다 위인 사람이 함께 있을 때 하도록 한다. 그것이 무리라면 반드시 제3자가 동석하도록 한다. 그래야 상대가 궤변을 늘어놓는다는 사실이 객관적으로도 확인된다.

혹시 내가 그런 사람일까?

궤변에 감탄하는 사람은 아무도 없다. 오히려 주위 사람에게 자신의 어리석음을 드러내는 꼴이다. 궤변으로 일관하면서까지 자기 생각을 주장하려 하지 말고 솔직하게 잘못을 인정하는 것이 현명하다. 현명함은 자기 생각을 주장하는 것에 있다기보다 여러 의견을 듣고 가장 좋은 것을 결정하는 데 있다.

자기 말의 모순을 깨닫지 못한다

대화를 나누다 보면 앞뒤가 맞지 않는 말을 하는 사람을 발견하게 된다. 주위 사람은 모두 알고 있는데 말하는 당사자만 전혀 자각하지 못할 때가 있다.

모순이 생기는 것은 주로 예를 들 때다. 가령 "옛날 사람은 수치를 알았는데 요즘 젊은이는 파렴치하다"고 말했다고 하자. 그 증거로 지하철 안에서 화장을 하는 젊은 여성의 이야기를 한다. 그것으로 끝냈으면 좋은데, "최근에는 나이든 사람도 지하철 안에서 화장을 한다"고 덧붙여 아줌마들이 뻔뻔스럽다는 이야기를 시작한다.

그러다 보면 처음과 달리 '젊은이가 아니어도 파렴치하다'라는 이야기로 이어져 대체 무엇을 말하려 하는 것인지 알 수 없게 된다. 정작 본인은 지금 말하는 내용에 정신이 팔린 나머지 무엇이 문제인지 알아채지 못한다.

또 이런 경우도 있다. 전쟁 반대 의견을 말하던 중에 군사 무기나 전투기에 대한 얘기를 하다가 그 주제에 정신이 팔린 나머지 자기도 모르게 "이 전투기는 전투력 면에서 다른 전투기에 비해…"라는 말을 한다. 그러다 보면 '전쟁 반대'라는 입장과는 모순되는 논리를 펴는 상황이 벌어진다. 하지만 정작 본인은 그것을 눈치채지 못한다. 자신의 의견에 예를 드는 중에 논점에 벗어나 완전히 다른 이야기가 되어버리는 것이다.

이런 유형의 사람이 범하기 쉬운 또 한 가지 실수는 남의 의견을 배려하다가 자신의 주장이 모호해지는 경우다. 회의 중에 부장은 찬성 입장, 과장은 반대 입장, 대리는 찬성 입장 등을 염두에 두고 각각을 고려하면서 자신의 의견을 이야기하다 보면 정작 본론을 잊어버린 채 지리멸렬한 말만 늘어놓게 된다.

자기 의견에 대해 결론을 내리지 못하고 망설일 때도 이런 유형의 사람은 모순에 빠지게 된다. 이미 했던 이야기에 자신이 없거나 사람들 앞에서 말하는 의견이 본심이 아닐 경우 특히 그렇다.

논리의 모순이 꼭 겉으로 드러나는 것은 아니다. 대화가 끝나고 나서 잘 생각해보면 그것이 모순인 경우도 있다. 일반인은 그냥 이해하고 넘어가더라도 논리적이고 예리한 사람의 귀에는 어딘지 모르게 들어맞지 않는 것처럼 들린다.

예를 들어 "어디서든 힘쓰는 일은 다 남자가 해야 하는데 여자들은 약한 척하고 쉬운 일만 하려 한다. 얼굴과 몸매만 가꾸면 여자인가?"라고 말한다고 하자. 이어서 "날씬하고 예쁘기라도 하면 말을 안 해"라고 사족을 단다.

'여자도 일의 성과나 실적으로 능력과 실력을 나타내야 한다'라는 의도로 말하려다가 쓸데없이 사족을 다는 바람에 여성을 외모로 판단하려는 이중적이고 모순된 속내를 드러내고 만 셈이다.

이처럼 모순된 말을 아무렇지도 않게 하는 사람은 기본적으로 자기가 무엇을 주장하는지 잊어버린 사람이다. 지금 하고 있는 말에만 신경을 써서 견해의 본질을 잊어버리기 때문에 그런 일이 일어난다. 그리고 말할 내용을 미리 정리하지 않고 어떡해서든 그 자리에서 생각나는 대로 처리하려 하기 때문에 그런 모순된 결과를 낳는 것이다.

부하직원으로서는 이런 상사가 달갑지 않을 것이다. 무슨 이야기를 하는지 종잡을 수 없기 때문에 업무에 혼란을 주는 등 어려움을 겪게 된다.

예를 들어 "영업 실적이 오르지 않는다. 이제는 매상을 올리기 위해 무조건 노력만 해서는 안 된다. 서로 지혜를 짜내서 타개책을 강구하자"라는 이야기가 중역 회의에서 나왔다고 하자.

그 회의 내용을 과장이 부하직원에게 전달하는 과정에서 매상이 오르지 않는 것은 "다들 노력을 덜했기 때문이다"라는 쪽으로 방향이 바뀌고, "회의에서 말만 할 것이 아니라 좀더 땀 흘려서 일해라" 하고 결론을 낸다. 그래서는 중역의 의도인 "지혜를 짜내라"는 요점은 전해지지 않는다.

이런 유형의 사람이 중간관리직에 있으면 위에서 아래로, 또는 아래에서 위로 의사소통이 원활하게 이루어지지 않을 게 틀림없다.

자기보다 직급이 낮은 사람이 모순된 말을 한다면 가볍게 지적해주는 것으로 충분하다. 또 상사일 경우라도 사적인 차원의 대화라면 잠자코 못 본 척하면 그만이다.

그러나 업무에 관해서 앞뒤가 맞지 않는 이야기를 하고 그것이 큰 문제로 이어질 수도 있다면 못 본 척해서는 안 된다. 상대가 상사라도 "이런 경우엔 어떻게 됩니까?" 하는 식으로 스스로 모순을 눈치채도록 질문하는 것이 가장 좋다.

혹시 내가 그런 사람일까?

자신이 지금 무엇을 말하려 하는지 정확히 생각을 정리해 보자. 그것이 안 되면 말이 앞뒤가 안 맞는 현상이 일어난다. '○○문제에 대해 찬성하는 입장에서 말한다'는 것을 우선 분명히 알아두자. 그리고 공식적인 자리에서는 오해가 될 만한 쓸데없는 말은 하지 않도록 한다.

친구나 동료와의 격의 없는 자리에서는 자신이 모순된 이야기를 했다면 순순히 인정하고 "이런, 또 앞뒤가 안 맞는 이야기를 했군" 하고 양해를 구하자. 그 정도면 주위 사람들도 그냥 눈감아줄 수 있을지도 모른다.

그러나 공식적인 자리나 상사에게 그런 태도를 취할 수는 없다. 이야기 도중에 자신의 말이 의도하지 않은 방향으로 흘러가고 있다고 깨닫는 순간 얼른 "다시 정리해서 말씀드리겠습니다" 하고 고쳐말하는 것이 좋은 방법이다.

또 상사의 이야기를 아래 직원에게 전달할 경우에는 자기 해석을 넣지 말고 상사의 말을 그대로 전달한다. 그대로 전달하는 것이 다소 소극적으로 보일 수 있겠지만, 오해의 소지가 생기는 일은 예방할 수 있다.

난해한 말로 연막을 피운다

전문적인 분야에 대해 자기 실력보다 높은 수준으로 대화해보는 것은 결코 나쁘지 않다. 어려운 책을 읽고 그 분야의 전문가와 지적인 대화를 나눠보는 것은 좋은 경험이 될 수 있다.

특히 젊은 시절에는 이런 식의 대화가 자신의 사고와 가치관을 확립해가는 데 큰 도움이 되기도 한다. 자신의 지적 수준에만 맞춰 대화를 계속하다 보면 오히려 시간이 지나도 똑같은 수준에 머물게 되기 때문이다.

문제는 어느 정도 지위가 올라가면 본인도 이해하지 못하는 어려운 말을 사용하고 싶어한다는 데 있다. 그런 유형의 사람은 세간에 이슈가 되고 있는 경제·경영서를 구입해 읽으려고 한다. 물론 그 자체는 좋은 일이다. 책을 사서 화제가 되고 있는 몇 가지 항목이나 서평만 읽는 경우가 많은데, 그것도 그다지 나쁘지는 않다.

문제는 거기에 나와 있는 새로운 단어를 제대로 이해하지 못한 채 토론이나 회의 자리에서 바로 사용하려 든다는 데 있다. 자신도 말의 뜻을 정확히 알지 못하니 당연히 사람들에게 쉽게 설명하지도 못한다.

이런 유형의 사람은 듣는 사람들이 이 정도 말은 당연히 다 알고 있을 거라고 생각하고 거침없이 사용한다. 또 이런 사람들은 외래어를 많이 쓴다는 특징이 있다.

그런데 본인도 제대로 이해하지 못하는 난해한 말을 하거나 상대가 짐작도 할 수 없는 전문용어를 사용하는 것은 똑똑해 보이기는커녕 역효과를 불러올 때가 많다. 특히 그 말의 의미를 제대로 알고 있는 사람에게는 어리석게 보일 것이다. 말의 뜻을 잘 모르는 순진한 사람들은 '역시 부장님은 대단해!' 하고 생각할지도 모르지만, 조금만 눈치 빠른 사람이라면 '또 어디서 새로운 말을 듣고 잘난 척하는군' 하고 생각한다.

물론 전문적인 지식을 가진 동료끼리 토론을 하는 것이라면 상관없다. 그러나 그렇지 않은 자리에서 사상서나 전문서에 있는 용어를 말해봤자 주위의 반응은 시큰둥할 뿐이다.

"시니피에(signifie, 記意:의미하는 것)를 중요하게 생각할 것이 아니라 시니피앙(sinifiant, 記表:표기되는 것)을 중시해야만 현상의 패러독스를 이해할 수 있는데, 지금과 같은 생각으로는 종래의 패러다임을 그대로 따르는 것이 되어버린다"라는 말을 일상적인 대화 속에서 해봤자 그것이 대체 무엇을 의미하는지 알 수 없다.

상대에게 쉽게 설명할 수 없다는 것은 자신도 제대로 이해하지 못한다는 의미다. 제대로 이해하고 있다면 그처럼 어려운 용어가 아닌 상대가 알아듣기 쉬운 말로 이야기할 것이다.

나는 초등학생에서부터 일반인에 이르기까지 다양한 연령대의 사람들에게 논술 작성을 지도하고 있는데 때로는 종교용어에 철학용어까지 사용해가며 난해한 문장을 써오는 사람이 있다. 그런 사람의 글은 십중팔구 내용이 부실하다. 묻는 내용을 이해하지 못한 채 독선적으로 전문 용어를 써서 어설픈 지식을 늘어놓는 경우가 많다. 어려운 용어를 써서 부실한 내용을 만회하려는 것으로 보일 뿐이다. 지적인 사람은 상대에게 적절한 말을 골라 쓸 줄 아는 사람이다.

예전에 외국에서 어설픈 프랑스어와 영어로 외국인과 대화를 나눴던 경험이 있다. 그때 상대방이 매우 지적인 사람이었던 덕분에 나의 어눌한 외국어 실력에도 서로 말이 잘 통했다. 현지가 아닌 자기 나라에서 외국어를 배우는 경우 어법에는 맞지만 실제로는 잘 쓰지 않는 말을 사용하게 되는 경향이 있는데, 그 사람은 그러한 외국인의 입장을 잘 이해하고 그 수준에 맞는 프랑스어와 영어로 응해 주었다.

지적이지 않은 사람은 자기 말로 이야기를 한다. 그 이외의 표현을 할 줄 모른다. 그래서 상대방에게는 통하지 않는 표현도 거리낌없이 사용한다. 반면 지적인 사람은 상대방이 이해하지 못한다는 것을 알면 그가 이해할 수 있는 쉬운 단어로 말해준다. 어떤 분야에서든 상대방의 수준에 맞춰줄 수 있다는 것은 그 방면에 충분한 지식과 풍부한 경험을 가지고 있다는 것을 의미한다.

무리해서 어려운 단어를 쓰는 것은 자기가 그것을 충분히 이해하지 못했거나 상대방의 수준을 생각하지 못하고 자기 멋대로 떠드는 것밖에 안 된다. 어느 쪽이든 어리석은 짓이다.

이런 유형의 사람이 동료나 부하직원이라면 상대하는 일이 그리 어려운 일은 아니다.

"미안한데, 지금 자네가 한 말을 이해할 수 없으니 내가 알 수 있도록 설명해주게. 만약 내가 이해할 수 있도록 설명해준다면 자네도 그것을 제대로 이해하고 있다고 인정해주지. 하지만 내게 설명할 수 없다면 자네도 이해하지 못한 거야" 하고 분명히 말하면 된다. 그렇게 하면 두 번 다시 의미 없는 난해한 말을 쓰지 않게 될 것이다.

문제는 그런 식으로 솔직하게 말할 수 없는 상대일 경우, 가령 연장자나 상사일 경우다. 그런 상대에게는 듣는 척하고 한 귀로 흘려버리는 것이 방법이다. 그리고 “역시 대단하시네요. 저는 무슨 말인지 전혀 모르겠어요” 하고 치켜세우는 것이 무난하다.

단, 실제 업무에 관한 이야기라면 “죄송하지만, 제가 이해할 수 있도록 좀더 자세히 말씀해주시겠습니까?” 하고 분명하게 요구해야 한다. 아마도 자신이 무엇을 말하려 하는지 본인도 잘 모르는 경우가 많을 것이다.

혹시 내가 그런 사람일까?

적어도 어디서 들은 용어를 충분한 이해도 없이 바로 대화에 사용하는 것은 부끄러운 일이라는 것을 알아야 한다. 실제로 철학이든 종교든 깊은 지식을 가진 사람 앞에서 어설픈 지식을 언급했다가는 큰 창피를 당한다. 그런 의미에서 이렇게 한번 크게 창피를 당하는 것도 방법이다. 다시는 섣불리 어설픈 지식을 자랑하지 않을 테니까.

그런데 이런 사람이 사장이라면 직원들 중에 아무도 그의 문제점을 지적하려 하지 않을 것이다. 그래서 사장은 '우물 안 개구리'가 되어버린다. 그룹의 경영진들이 모인 파티에 나가 그곳에서 창피를 당하면 어느 정도 고쳐질 수도 있다.

장소에 맞지 않게 어려운 말을 사용하는 것은 지성의 상징이 아니라 지성이 없다는 표시라는 것을 머릿속에 새겨둬야 할 것이다. 지적인 사람인지 아닌지의 여부는 얼마나 어려운 용어를 사용하느냐가 아니라 지식의 깊이와 정확한 이해력에 달려 있다. 따라서 '나는 너희들과 달리 지식이 있다'는 것을 보여주고 싶다면 어려운 용어로 얼버무리지 말고 알맹이가 있는지식을 말하도록 노력하자.

제대로 알지도 못하면서 아는 척한다

어려운 말을 하고 싶어하는 것과 비슷한데, 아는 척하는 것도 지위가 높은 사람에게서 흔히 볼 수 있는 유형이다.

아는 척하는 것은 오래전 코미디나 개그 소재로 자주 다뤄질 정도로 고전적이고 흔한 '바보식 대화'다. 어려운 고전이나 영어 문장을 잘 아는 것처럼 해석하는 장면이 예로 등장하곤 하지만, 물론 제대로 된 해석은 아니다. 그런 식의 개그를 보고 들었으면 이제는 '아는 척'하는 사람이 사라질 만도 한데 여전히 아는 척하는 사람이 주위에 넘쳐난다.

하지만 현대 사회에서는 코미디에 나오는 것처럼 전혀 아는 것이 없는데도 아는 척을 하는 예는 거의 없다. 오히려 조금 알면서도 전문가 못지않게 말하고 싶어하는, 어설프게 아는 척하는 사람들이 많다.

골프를 잘하지 못하는 입장인데도 골프에 일가견이 있는 것처럼 폼에 대한 이론을 설명하면서 "그렇게 잡으면 안 돼" 하고 말하거나 정치에 대해 확실히 아는 것도 없으면서 "이번 선거에는 분명 ○○당이 패배할 거야" 하고 술집 강론을 벌이는 것이 그 전형적인 예다.

이런 유형의 사람은 남을 가르치기를 좋아한다. 원래 가르치는 내용의 100배 정도의 지식이 있어야만 그 정보를 정확하게 전달할 수 있는 법이다. 자신없는 분야라도 최소한 가르치는 것의 열 배 정도의 지식은 있어야 한다. 그런데 이런 사람은 때로 자신이 알고 있는 이상의 것을 가르치려 한다.

이런 유형의 사람은 사물을 단순하게 받아들인다. 자신이 충분히 이해하지 못하기 때문에 자신이 거둔 한 번의 성공을 보편화하거나, 어설프게 들은 것을 단순하게 해석해서 단편적인 것만을 강조해 가르친다.

아니, 그 정도에서 끝나면 좋은데, 전체를 제대로 이해하지 못한 채 읽은 책의 일부를 전부인 양 절대적인 것으로 믿으려 하는 경향도 강하기 때문에 더욱 우스꽝스러워진다. 심지어 이 책 저 책에서 얻은 지식을 적당히 짜깁기해 더욱 이상한 이론을 만들어낸다.

이처럼 아는 척하는 상사는 부하직원에게 무엇이든지 아는 것처럼 "그런 식으로 일해선 안 돼. 그런 경우에는…" 하면서 가르치고 설교를 한다. 최악은 상사의 말을 곧이곧대로 들었다가 큰 실수를 저지르는 경우다.

또 하나의 '아는 척'은 어떤 상황의 속사정에 대해 매우 잘 아는 척하는 유형이다.

"사실 그 배경에는 ○○자금이 관련되어 있다", "사실은 사장이 손을 써서 …했다" 하고 핵심을 찌르는 말로 그럴듯하게 이야기하려고 한다. 그러면서 자신이 업계에 잘 알려진 인물이라는 것을 어필하려고 한다.

그 업계의 유명인사 이름도 들먹인다. 실제로는 한 번 자리를 같이했을 뿐, 그 유명인은 자기 얼굴도 모를 텐데 마치 오래전부터 가깝게 지내는 사이인 양 떠벌인다. 거기다 자신의 상상까지 곁들여 업계의 속사정을 추측한다.

무엇이든 '아는 척'하는 사람의 이야기 상대가 완전 풋내기라면 그 아는 척에 속아넘어갈 수도 있다. 그러나 세상을 만만히 봐서는 안 된다. 현대 사회는 다양한 취미를 즐기는 사람이 많다. 이야기를 듣는 상대가 사실은 그 분야의 베테랑이거나 베테랑까지는 아니어도 아는 척하는 사람보다 더 많은 지식을 가지고 있을 수도 있다. 그런 경우에는 그야말로 코미디 같은 상황이 연출된다.

그런 경우가 아니어도 일반인을 자기보다 수준이 낮다고 여겨서는 안 된다. 가령 아무것도 모르는 아마추어라고 해도 이후에 인터넷이나 서적 등을 통해 정보를 조사하면 더 많은 지식을 얻을 수 있다. 상대가 '아는 척'을 했던 것에 지나지 않았다는 것을 알게 된다. 무엇이든지 쉽게 알 수 있는 시대에는 '아는 척'하는 정도의 지식은 의미가 없다.

아는 척은, 말하자면 코미디나 개그의 한 장면을 떠올리게 하는 우스꽝스러운 행동일 뿐이다. 정보 시대인 현대에 '아는 척'을 하는 사람은 과거의 어리석은 유물이 아닐까.

상사가 아는 척하는 타입이라면 그 사람의 충고는 절대로 받아들여서는 안 된다. 만약 곧이곧대로 했다가는 생각지도 못한 일이 벌어질 수 있기 때문이다. 하지만 상사가 어줍잖은 지식을 과시하기 시작하면 일단 잠자코 듣는 척하는 것도 요령이다.

또 동료가 아는 척을 하기 시작하면 그 자리에 있던 사람들 모두가 자리를 뜨는 것이 가장 좋은 방법이다. 상대의 미움을 받아도 해가 없을 경우라면 노골적으로 싫은 표정을 지어도 좋다. 혹은 그 내용에 대해서는 내가 더 잘 알고 있다는 것을 적절하게 알리는 것도 좋은 방법이다.

상대가 상사가 아니라면 틀린 말을 하는데도 감탄하며 듣는 척해서는 안 된다. 한번 그렇게 하면 늘 자기 이야기를 들어줄 사람이라고 생각하기 때문이다.

혹시 내가 그런 사람일까?

'아는 척'하는 습관을 고치려면 앞에서도 말했듯이 한번 호되게 창피를 당하는 것이 가장 좋은 방법이다. 예를 들어 자신이 어설픈 지식을 과시한 상대가 알고 보니 그 방면에 정통한 사람이라서 자신의 아는 척이 들통이 나고 된통 창피를 당하는 것이다.

조금이라도 자신이 그런 사람이라고 생각되면 이야기하고 있는 상대가 어쩌면 그 방면의 베테랑일지도 모른다고 가정해보자.

가령 여러분이 클래식 음악 연주에 대해 말하고 있다고 하자. 그때 어쩌면 눈앞에 있는 대화 상대가 클래식 음악에 정통한 연주자나 평론가가 아닐지, 책을 수십 권 쓸 정도로 클래식 전문가는 아닐지 상상해보는 것이다.

얕은 지식으로 아는 척하는 것보다 겸손한 태도를 취하는 것이 진정성 있는 사람으로 인정받는 길이다.

PART 2

이성을 떠나가게 하는 매력 없는 대화습관

이성에게 차이는 이유를 제대로 알자

살다 보면 '왜 이런 남자가 인기 있을까?' 하는 생각이 드는 경우가 종종 있다. 반대로 '왜 이 남자는 차이기만 할까?' 하는 의문이 생기는 경우는 그다지 많지 않다. 여자들에게 인기가 없는 남자의 유형을 보면 같은 남자들에게도 그 이유가 충분히 납득이 가기 때문이다.

여자에게 인기 없는 유형의 사람은 직장에서도 잘 처신하지 못하는 경우가 많다. 여자에게 인기가 있다고 해서 반드시 직장에서도 인기가 있는 것은 아니지만 대체로 그렇다.

이성을 보는 안목은 일반적으로 동성을 보는 안목보다 훨씬 엄격하다. 그래서 이성이 싫어하는 방식으로 말하지 않으면 동성에게 외면당하는 일은 거의 없다.

2장에서는 이성에게, 특히 여성에게 외면당하는 대화습관의 대표적인 예를 들어 이야기하려고 한다. 여기서 소개된 사례처럼 대화를 하면 여성들에게 외면당할 것이 뻔하다.

이성에게 외면당해도 상관없다면 모르지만 이성에게 미움받고 싶은 사람이 어디 있을까? 할 수 있다면 조금이라도 호감을 얻고 싶은 게 인지상정이다.

자신이 다음의 예에 나오는 것처럼 말하지는 않는지 스스로 확인하면서 대화습관을 고치도록 하자.

지난 일에 계속 집착한다

과거에 집착하는 사람이 있다. '그때 사실대로 말했으면 좋았을 걸' '부장님께 보고하지 말걸. 괜히 부장님 기분만 건드렸어' '보기 흉한 꼴을 보여주고 말았어' 하고 이미 지난 일에 대해 연연해하는 사람이다.

개중에는 '어제 그 식당에서 그것을 먹지 말고 다른 것을 먹었으면 더 좋았을걸' 하고 다음날까지 그 생각에서 벗어나지 못하는 사람도 있다. 생각하는 것에서 그치면 그나마 나은 편이다. 그것을 꼭 말로 하는 사람이 있다.

주변 사람을 더욱 짜증나게 만드는 것은 업무상의 실수를 두고두고 말하는 사람이다. "그때 다르게 말했으면 좋았을걸", "다른 생각을 하느라 부장의 말에 얼른 대답하지 못했어" 하고 계속 되뇌인다.

정말로 후회하는 경우도 있고, 그렇게 말함으로써 자신이 반성하고 있다는 것을 주위 사람들로부터 인정받고 싶어하는 경우도 있다.

그런 유형의 사람은 때로는 수년 전이나 수십 년 전의 일을 장황하게 늘어놓는다.

이미 몇 년 전에 사귀었던 여성과 헤어진 것에 대해서도, "그때 내가 말 한마디만 잘했어도 이렇게 헤어지지는 않았을 텐데" 하고 틈만 나면 이야기한다. 지금 사귀는 여자가 그런 이야기를 들으면 나중에 자신에 대해서도 저런 식으로 말하지 않을까 우려할 정도다. 그것만으로도 그런 남자에게는 넌더리를 낼 게 분명하다.

그런 유형의 사람이 상사일 경우, 부하직원을 질책할 때 과거로까지 거슬러 올라가서 그 사람의 실수를 하나하나 늘어놓으며 망신을 준다. 또 당사자가 없는 자리에서 오래전의 일을 끄집어내며 험담을 하기도 한다.

"저 인간 때문에 그때 큰 손해를 봤잖아. 거래처 사장에게 말도 안 되는 이야기를 해서…" 하는 식으로 말한다. 주위 사람이 듣기에 어이가 없을 정도로 과거사에 집착한다.

그런 유형의 사람은 한 가지 일이 끝났어도 다음 일로 넘어가지 못한다. 이미 끝난 상황이라 주변 사람들 모두가 다른 것을 생각하는데도 혼자서 끈질기게 이전의 일에 집착한다.

물론 경우에 따라서는 끈질기게 생각하는 것이 좋은 태도일 수 있다. 그렇게 생각함으로써 새로운 발견이 이루어질 때도 있다. 과학자나 철학자 가운데 크게 성공한 사람은 분명 다른 사람이 당연하다고 생각해 주목하지 않았던 것을 끝까지 물고 늘어져 생각에 생각을 거듭한 사람이다. 따라서 끈질기게 생각하는 것 자체가 어리석은 행동은 아니다.

주위 사람을 즐겁게 해줄 만한 이야기를 두고두고 말하는 것은 그나마 용서할 수 있다. 영화를 본 후 식사를 하는 내내 "오늘 본 영화 정말 재미있었어"라며 감동을 공유하는 것은 여러 번 반복해 말한다고 해도 그다지 어리석어 보이지 않는다.

실수나 실패를 후회하는 것은 새로운 것에 도전할 수 있는 힘이 된다. 과거 없이 미래가 존재할 수는 없다. 그런 의미에서 과거를 잊지 않고 거기에서 새로운 활력을 얻는 것은 어떤 의미에서는 바람직하다.

그러나 반성해야 할 때는 확실하게 반성하고, 그다음은 그것을 교훈 삼아 어떤 대책을 세울지를 진지하게 고려해야 한다. 일단 그것이 정해지면 과거는 교훈으로 삼는 것에서 그치고 지나친 후회는 삼가는 것이 좋다.

생각해도 의미 없는 일, 이미 끝난 일에 연연해하는 것만큼 어리석은 일도 없다. 특히 자기의 실패를 후회하고, 남의 실패에 대해 왈가왈부하는 것도 어리석다.

또 이런 유형의 사람은 같은 말을 여러 번 반복한다. 아무리 재미있는 개그도 같은 내용을 여러 번 보면 질리는 법이다. 재미있는 개그도 그러한데 하물며 재미라고는 손톱만큼도 없는 지나간 이야기는 주위 사람을 짜증나게 할 뿐 아니라 말하는 당사자도 한심해 보이게 만들 뿐이다.

과거 이야기를 장황하게 늘어놓는 사람에게, 특히 그런 이성에게 끌리지 않는 것은 어쩌면 당연한 일이다.

이런 사람을 상대해야 할 경우 자신에게 해가 미치지 않는 한 내버려두면 된다. 이런 유형의 사람 중에는 착하고 소심한 사람이 많기 때문에 해를 끼치는 경우는 오히려 드물다. 과하다 싶을 정도로 지난 일을 걱정하고 후회한다면 안심시켜주는 것도 좋은 방법이다. 부하직원이 지나간 일에 집착할 때는 그것이 하찮은 것이라는 사실을 일깨워주는 것이 좋다.

단, 그 사람의 과거사에 휘말렸을 때 피해를 당할 수도 있다. 그는 그 일을 빌미로 "그때 네가 이렇게 해줬더라면" 하고 계속해서 꼬투리를 잡고 물고 늘어질 우려가 있다.

사귀고 있는 남자가 이런 타입이라면 미련 없이 헤어지는 것이 좋다. 사람 자체는 나쁘지 않을지 모르지만 그런 남자는 별 것 아닌 일에 집착하고, 하찮은 일도 기억해서 끈질기게 반복해 이야기하기 때문에 피곤해질 수 있다.

혹시 내가 그런 사람일까?

차분하게 과거를 한번 돌아보는 시간을 갖는 것이 좋다. 그러면서 어떻게 대처할지 생각한다. 남을 비난하고 싶다면 그 자리에서 확실하게 질책한다. 그리고 그 후에는 지난 일에 연연해하지 않는다.

자꾸 지난 일을 떠올리는 것이 보잘것없고 어리석은 짓이라는 것을 확실히 깨닫자. 그래도 과거의 일이 신경 쓰인다면 글로 써보자. 문장으로 쓰면 확실하지 않았던 부분이 명확해진다. 자신이 어떤 것을 납득하지 못하고 있는지, 어떻게 대처해야 할지 알 수 있는 기회가 될 것이다.

무엇이든 의심하고 억측한다

과장이 다른 부서의 직원을 불러 잘못을 지적한다. 물론 과장에게 다른 뜻은 없다. 말 그대로 다른 부서 직원의 잘못을 바로잡아주려 했을 뿐이다. 그런데 무엇이든 의심하고 억측하는 사람은 "과장이 정말로 비난한 것은 다른 부서 직원이 아니라 사실 우리 부서의 ○○다" 하고 말한다.

지적당한 대상을 다른 사람이라고 느끼는 것은 그나마 다행이다 '과장이 말한 것은 사실 ○○다'라고 생각하는 동안은 주위 사람들에게 피해가 없다. 그런데 이런 유형의 사람은 피해망상에도 빠지기 쉬워서 '과장이 혼낸 대상은 사실은 나였다'라고 받아들인다. 그러면 사태는 심각해진다.

이런 사람은 '그때 그 사람이 그런 태도를 보인 것은 나더러 깨달으라는 것이었어' 하고 생각한다. 그러나 그 근거는 물론 매우 희박할 때가 많다. 그런 유형의 사람은 남이 선의로 행한 일도 악의로 받아들인다.

"요즘 피곤한 것 같으니까 이번 일은 쉬는 게 어때?" 하는 배려를 '따돌린다'고 느낀다. 반대로 "힘들겠지만 자네가 없으면 안 되니까 부탁해" 하고 말하면 '끝까지 부려먹는군. 나를 자기 출세를 위해서 이용하려는 거야' 하고 생각한다.

일방적으로 과장을 미워하고 점점 대립적인 태도를 취하기 시작한다. 과장도 처음에는 그럴 의도가 없었는데 상대가 반항하니까 미워하기 시작한다. 이렇게 해서 그 부서의 분위기는 점점 삭막해진다.

또 그런 유형의 사람이 아랫사람을 의심할 경우에 그 사람은 평생 빛을 못 보게 된다. 무조건 의심하고 억측하기 때문에 부하직원이 무엇을 하든지 나쁘게 받아들인다.

물론 이것은 직장에서만 일어나는 일은 아니다. 사적인 자리에서도 상대의 말을 자기 멋대로 해석하고 다른 사람 이야기를 자기 이야기라고 믿어버린다. 연인과 데이트를 할 때도 상대 여성이 같은 직장의 남자 사원에 대해 얘기하면서 "우리 회사에 정말 소심한 사람이 있는데, 난 그런 사람 싫더라" 하고 이야기하면 자기를 빗대어 하는 말로 여기고 자신의 소심함을 비난하는 것으로 받아들인다.

너무 둔감한 것도 문제지만 이런 식으로 무엇이든지 자기 일로 받아들이는 것도 문제다. 이런 유형의 사람은 다소 자의식이 강하거나 자의식 과잉인 경우가 많다. 그래서 사귀는 여성이 "씩씩하고 남자다운 사람이면 좋겠다"라고 말하면 자기를 두고 하는 말이라고 생각하곤 한다. 이것은 그래도 나은 편이다. 더 심각한 문제는 그 말을 억측해서 자기가 남자답지 못하다고 여기고 무엇이든지 나쁜 쪽으로 생각하는 데 있다.

보통 이런 남자는 여자 쪽에서 미리 알아보고 등을 돌리게 된다. 그러나 사람들은 저마다 다양한 취향을 갖고 있어서 도포 입고 논을 갈아도 제멋이라고 이런 남자와 결혼까지 하게 되는 경우도 있다.

이런 남편을 얻으면 결혼생활이 순탄하지 않을 게 뻔하다. 결혼 전까지는 그런 자기의 억측을 꾹 참고 겉으로 드러내지 않았지만 일상생활을 같이하면 결국에는 그런 태도가 밖으로 드러나게 된다. 별것 아닌 말에도 의심하고 억측한다. 심해지면 아내의 귀가 시간이 조금만 늦어져도 바람을 피운다고 믿는다. 이런 사람에게는 가정도 음모와 배신이 가득한 세계가 된다.

이런 사람은 남의 말을 들으려 하지 않는다. 그 해석이 얼마나 터무니없는 것인지 설명하려 해도 '당신은 모른다' '당신은 이해 못한다'는 식으로 밀고 나간다. 그리고 더욱 의심의 강도를 높여간다. 심하게 말하면 완전히 적으로 인정해버린다.

이런 유형의 사람은 두 가지 면에서 어리석다고 할 수 있다.

우선 이론적으로 냉정하게 현상을 분석하는 능력이 부족하다. 현명함이란 기본적으로는 분석 능력이다. 지금 무엇이 일어나는지, 장래 무엇이 일어날지, 상대는 어떤 심리와 어떤 의도로 이쪽을 대하고 있는지 등을 정확하게 읽어내는 것이 현명한 사람이다. 감정을 앞세워 그것을 왜곡하는 것은 어리석은 짓이다.

또 하나 의심하고 억측하는 것을 다른 사람에게 드러낸다는 점에서 어리석다고 할 수 있다. 남의 행동에서 배신과 음모와 아첨을 지적하는 것은 자신도 그런 행동을 할 수 있다고 고백하는 것과 같다. 즉 자신이 그런 생각을 갖고 있다는 것을 그대로 다른 사람에게 드러내 보이는 것이다.

이런 유형의 행동에 대해서는 가볍게 생각하지 않는 것이 좋다. 억측하는 정도가 심한 경우에는 병적인 것일 수도 있으므로 병원에서 전문적인 상담을 받아야 한다. 그 정도까지는 아니라면 주위에서 해결할 필요가 있다. 이런 유형의 사람을 대하는 것이 어려운 이유는 다른 사람의 의견을 받아들이지 않기 때문이다. 아무리 이성적으로 설득을 해도 앞뒤가 맞지 않는 주장으로 계속 우겨댄다. 그런 경우에는 "과장은 당신에게 적의가 없다. 그 증거로 이번에 당신에게 중요한 일을 맡길 모양이다" 하는 식으로 긍정적인 해석을 말해주고 그것에 어떤 증거까지 제시해주면 그 말을 믿고 납득하게 된다.

단, 그 설득에 실패하면 적으로 인정하기 때문에 본인에게 실질적인 해가 없는 한 그의 문제에 너무 깊이 관여하지 않는 것이 좋다.

대부분 이런 유형의 사람과는 깊은 관계를 갖지 않는다. 무슨 일이든 억측하는 사람이라는 것을 알면 바로 관계를 끊는 것이 좋다. 불행히도 그런 사람과 결혼했다면 상대가 억측을 해도 가볍게 흘려버리는 자세를 갖는 게 상책이다. 만약 결혼생활을 지속하기 힘들 만큼 정도가 심해졌다면 참고 살거나 헤어지거나 선택은 여러분의 몫이다.

혹시 내가 그런 사람일까?

이런 사람은 자신의 판단을 믿고 있기 때문에 쉽게 자각하지 못한다. 하지만 다른 사람에게 지적당한 경험이 있다면 좀 더 현실성 있는 판단을 해볼 필요가 있다. 다른 해석은 없는지, 혹시 너무 주관적으로 판단하고 있는 것은 아닌지 사고의 전환을 시도해보자. 또 하나, 대부분의 사람은 여러분이 생각하는 것만큼 일일이 타인을 염두에 두고 말하지 않는다는 점도 깨달아야 한다.

감정에 휘둘려
이성적으로 판단하지 못한다

인간은 감정을 갖고 있다. 감정을 갖고 있기 때문에 인간다울 수 있는 것이다. 감정이 풍부한 사람이 냉철한 사람보다 인간적인 매력이 있다. 그렇지만 감정에 휘둘리는 사람은 어리석다.

여성이 감정에 휘둘리는 경향이 강하다고 생각할지 모르지만 의외로 그렇지 않다. 언뜻 이성적으로 보이는 남성이 감정적일 때는 주의가 필요하다.

이런 유형의 사람은 남을 잘 돌봐주고 이해심이 많은 것처럼 보인다. 이런 사람들의 특징은 선후배 관계를 매우 중시한다는 것이다. 후배에게 어려운 일은 없는지 마치 자기 일처럼 꼼꼼하게 챙긴다. 선배에게도 배려심이 있어서 그의 가정사나 사생활에까지 마음을 쓴다.

예를 들어 선배나 후배가 일을 못 해도 사람됨을 중시하면서 일로 사람을 판단하려 하지 않는다. 또 회사에서 구조조정 이야기가 나오면 어느 누구도 그만두게 할 수 없다며 마지막까지 단호하게 반대한다. 그런 점을 감안하면 의리 있고 인정 많은 매력적인 인물로 보인다.

그런데 문제는 남의 일에 자기 일처럼 끼어든다는 점이다. 영업 상담을 하러 가는 도중에 우연히 교통사고 현장을 봤다고 하자. 운전자들은 서로 상대의 실수라며 멱살을 잡기 직전이다. 이런 유형의 사람은 사고 순간을 목격한 것도 아닌데 그 사이에 끼어들어 중재하려 한다. 싸움을 말리려는 것은 좋지만 중요한 상담 약속 시간에 늦는다는 생각은 하지 못한다.

그리고 불쌍한 사람을 보면 일시적인 동정심에 휘둘려 무조건 도와주려 한다. 실제로 자신이 도움을 줄 수 없는데도 불구하고 그의 상황에 간섭하려 한다. 결과적으로는 도중에 도움 주는 것을 포기하게 되어 오히려 사태를 더 악화시킨다.

이런 유형의 사람은 일이 잘 돌아가서 기분이 좋을 때는 주변 사람에게 매우 친절하고 좋은 인상을 준다. 그러나 일에 문제가 생기거나 걱정거리가 있을 때는 완전히 풀이 죽거나 주변 사람에게 화풀이를 한다. 별것 아닌 일에도 아이를 야단치고, 아내에게 짜증을 낸다.

이런 유형의 사람은 연애 시절에 좋은 면만 보이지만, 유심히 살펴보면 말 한마디 한마디에 감정이 실리는 경향이 있다. 자주 입에 담는 말은 "그 녀석은 주는 것 없이 밉다", "생김새가 마음에 들지 않아 기분이 나쁘다"처럼 감정 섞인 말이다.

또 업무나 일처리도 감정으로 한다. 예를 들어 회의 중에 서로 의견이 엇갈렸다고 하자. 회의란 어떤 논제에 대해서 이론적으로 토론하는 자리다. 인간적으로 싫다고 반대하고, 좋다고 찬성하는 자리는 아니다. 자신의 의견이 비판당했다고 해도 그것은 인간성을 비판한 것이 아니다. 논리적으로 비판당했다면 자신도 상대를 논리적으로 비판하면 된다.

그런데 이런 유형의 사람은 '내가 저 사람의 일을 잘 봐줬으니까 내 의견에 찬성할 거야' 하고 생각한다. 거꾸로 '저 인간은 마음에 들지 않으니까 이번에는 반대할 거야' 또는 '내가 늘 저 사람에게 신세를 지니까 찬성하지 않으면 안 돼' 하고 생각한다.

그리고 평소 아끼는 후배가 반대 의견을 말하면 "녀석, 늘 잘 봐줬는데 배신했어"라며 화를 낸다. 또 묻는 말에 제대로 답을 못하면 "네까짓 게 알 리 없지" 하는 말을 내뱉는 사람도 있다. "선배인 나를 제쳐두고…" 혹은 "건방진 놈!"이라며 자신의 감정을 그대로 입 밖으로 내뱉는다.

확실히 이런 사람은 다른 사람보다 감정이 풍부할 것이다. 그것이 긍정적인 영향을 미치면 인간적으로는 매력적인 요소가 된다. 하지만 무엇이든지 감정적으로 받아들이고 기분과 감정에 휘둘려서는 냉정한 판단을 할 수 없다. 상사의 질책을 받고 '내가 그만둔다'는 식으로 일시적인 감정에 휘둘려 상사에게 대든다거나 무작정 사표를 던지는 말도 안 되는 행동을 한다.

이런 사람은 기분이 좋을 때는 자상함을 발휘하는 만큼 처음부터 여성이 싫어하지는 않는다. 그러나 시간이 지나면 그 본성이 나오게 되므로 같이 살아가기에는 조금 피곤한 스타일일 수 있다.

이런 유형의 사람은 정서적인 대응을 하기 때문에 우선은 비위를 맞출 필요가 있다. 비위를 맞춰 악의가 없다는 것을 보여주면 감정적으로 꼬이는 일은 없다.

이런 유형의 사람과 회사 내에서 의견이 대립되어 반론해야 할 때는 "반론하는 것이 마음 불편하긴 하지만 여러 사정을 생각하면 그것은 이런 점에서 불가능하다" 하고 분명하게 설명해서 상대의 기분을 고려하고 있다는 것을 보여주는 것이 좋다. 그렇게 하면 비교적 간단히 수긍한다.

만약 이런 사람과 결혼을 했다면 상대의 기분을 건드리는 말이나 태도로 감정을 상하게 하지 않는 것이 원만한 가정생활을 유지하는 요령이다. 그 사람에게 악의가 있는 것은 아니므로 적당히 비위를 맞춰주면 큰 문제는 없다.

혹시 내가 그런 사람일까?

이런 유형의 사람은 자신이 어리석다고는 생각지 않는다. 오히려 냉정한 사람을 냉혈 인간이나 비인간적이라고 생각하고 자신처럼 감정적인 인간을 따뜻한 사람이라고 여긴다.

그러나 그 따뜻함은 자신의 감정을 남에게 강요하는 것일지도 모른다는 것을 깨달아야 한다. 감정에 휘둘리는 것을 고치기 위해서는 자기 감정을 그대로 남에게 발산하는 것을 억제하는 연습을 해보자.

감정 조절을 하지 못하고 그대로 밖으로 드러내는 것은 정직한 것이 아니라 어른답지 못한 태도라는 것을 알아야 한다. 감정에 휘둘려 이성적인 판단을 하지 못하는 것은 또다른 문제를 불러올 만큼 심각한 일이다. 그것을 분명하게 인식할 필요가 있다.

우유부단해서
자기 의견을 말하지 못한다

여성들이 가장 싫어하는 유형은 자기의 의견이나 취향을 정확히 말하지 못하는 남자다.

식사하러 갔을 때 남자가 먼저 여성에게 먹고 싶은 게 무엇이냐고 묻는다. 여성이 정확히 먹고 싶은 음식을 말하면 좋지만 아직 그 정도로 스스럼없는 사이는 아니어서 머뭇거리고 있을 때 "이탈리아 요리로 할까요? 아니 이탈리아 요리는 이전에 먹었고, 중화요리는 조금 느끼하고…" 하면서 식사 장소 하나 제대로 정하지 못한다.

이런 유형의 남자는 만사가 이런 식이라고 생각하면 된다. 무엇 하나 쉽게 결정하지 못한다. 결혼식 날짜나 장소, 살 집 같은 중요한 사안도 쉽게 정하지 못한다. 여성이 결단력이 있어서 무슨 일이든 척척 결정하고 남자를 이끌어 나가는 타입이라면 이런 커플은 그런 대로 어울릴 수 있다.

그러나 강한 남자를 원하는 여성도 많다. 이런 유형의 남자는 연애 초기에는 상대의 의견을 존중하는 배려심 있는 사람으로 보이지만, 점점 시간이 갈수록 그것은 배려가 아니라 단순히 결단력이 없기 때문에 무엇이든지 상대에게 맡겼던 것뿐이라는 것을 알게 된다. 그렇게 되면 대개의 여성은 그 남자에게서 등을 돌린다.

상대의 그런 우유부단함을 견디지 못한 나머지 결혼식 직전에 파혼하거나, 신혼여행에서 돌아오자마자 이혼하는 경우도 꽤 있다.

물론 이런 유형의 남자는 마음이 여려서 자신의 취향을 주장하지 못할 수도 있다. 또 누군가 부탁하면 마음에 들지 않아도 거절하지 못한다. 이처럼 무엇을 말하고 싶은지 정확히 주장하지 못하는 사람은 어떤 일에서든 우유부단하다.

또 이런 유형의 사람 중에서 다른 사람이 정한 일을 이후에 불평하거나 험담하는 타입은 더 문제다. "그럼 중화요리 먹으러 가요"라는 여성의 말에 중화요리점에 들어갔다가 그 요리가 맛이 없거나 마음에 들지 않으면 "역시 이탈리아 요리로 할걸, 잘못했어" 하고 말한다. 그 말 한마디 때문에 중화요리 먹으러 가자고 한 여성은 자신을 비난하는 것 같은 기분이 들 수도 있다.

오늘 무엇을 먹을까 하는 간단한 문제에서부터 결혼이나 전직 등 인생의 중요한 사안에 이르기까지 스스로 결정하는 것을 어려워하는 사람에게는 결단을 재촉하지 않는 것이 좋다.

그가 결단을 내리게 하려면 주변의 도움이 필요하다. "이렇게 하는 것이 좋다" 아니면 아예 "이렇게 해라"라고 명확하게 대안을 제시하는 것이다. 방향을 정해주면 의외로 순순히 그것을 받아들인다.

이렇게 사소한 일에 대해 전전긍긍하는 사람은 결정을 한 후에도 불평하기 일쑤다. '직장을 옮기지 말고 그냥 있을걸' 하고 후회하고 그것을 다른 사람에게까지 말한다.

그런 사람은 가능한 신경 쓰지 말고 내버려두어야 한다. 친절하게 충고를 해도 이후에 오히려 원망을 살 수 있기 때문이다. 결단력도 없는 데다 나중에 불평을 일삼는 타입의 사람과는 아예 가까이하지 않아야 한다. 상대가 이성이라면 더더욱 그렇다.

혹시 내가 그런 사람일까?

우유부단한 사람은 옷을 살 때도 '이 옷으로 할까, 아냐 저것이 좋을 것 같아' 하고 늘 망설인다. 평소 자신의 태도를 되돌아보면 자신이 그런 경향의 사람인지 아닌지 어느 정도 파악이 될 것이다.

망설이는 것이 자기 주장에서 시작되는 것이라면 그다지 문제될 건 없다. 그러나 무엇이든지 망설여져서 결정을 내리지 못한다면 문제가 다르다.

자신이 그런 성향의 사람이라면 우선 '예스'인지 '노'인지를 확실히 하는 것과, 여러 가지 선택지 중에 마음에 드는 하나를 결정하는 연습을 해보자.

한 가지를 정했다면 이후에 불평이나 후회를 하지 말자고 결심해본다. 그런 습관을 들이면 확실히 달라질 것이다. 만약 당시의 선택이 후회되고, 이후에 '그렇게 하는 것이 좋았겠다'라고 생각되어도 그것을 절대로 말로 하지 말 것. 그렇게 하면 적어도 주위 사람들로부터 우유부단한 인간이라는 인상은 주지 않을 것이다.

일방적으로 자기 말만 한다

인간이라면 누구나 자기 자신이 가장 소중하고 중요한 관심사다. 그러나 그렇다고 해서 자기 이야기만 늘어놓으면 주위의 눈총을 받을 게 뻔하다.

여고생들이 지하철 안에서 이야기하는 것을 가만히 들어보면 한 가지 주제에 대해 캐치볼을 하듯이 주고받는 것이 아니라 "나 있잖아, 어제…"라는 말에 "아 맞다, 나는 오늘…" 하는 식으로 일방적으로 자기 이야기만 한다. 그런데도 말이 통한다. 고등학생 정도의 나이라면 그런 식으로 대화를 해도 어느 정도 이해할 수 있다.

그러나 어른이 되어서도 자기 이야기만 하면 어떨까. 그런 경우를 본 적이 있다.

어느 날 카페에 갔는데 마침 옆 테이블에 같은 유치원에 다니는 자녀를 둔 듯한 학부모 몇 명이 모여 이야기를 나누고 있었다. 가만 들어보니 한 사람이 열심히 말을 하면 이내 그 화제를 자기 쪽으로 몰아서 "어머, 나도 그래요" 하고는 자기 이야기를 시작하는 사람이 있었다. 다른 사람이 그날의 화제인 유치원 문제를 이야기하려 해도 "우리 집은 이래요" 하고 자기 이야기만 계속 늘어놓았다. 사람이 몇 명 모이면 이런 유형의 사람이 꼭 한 명 정도는 있기 마련이다.

관심이 있는 것은 자기뿐이다. 전혀 관심도 없고 관계도 없는 사람을 상대로 자기가 어제 한 일, 아이가 한 일 등의 이야기를 늘어놓는다. 남녀를 불문하고 확실히 이런 유형의 사람은 수다 떨기를 즐기는 사람들로, 대화의 주제가 자기나 자기 주변 것에만 집중되는 경향이 있다.

가령 직장에서 이런 이야기를 하는 사람이 있다.

"사실 어제 아내가 몸이 아팠어. 그래서 내가 아이를 봤는데 그 애가 말이야…", "아까 재미있는 사람을 만났어. 내가 이전에 신세를 졌던 사람인데, 10년 만인 것 같아", "우리 할아버지는 아흔둘에 돌아가셨어. 아주 인자한 분이셨지…."

이런 말을 퇴근길에 한잔하면서 하는 것이 아니라 사내에서 동료에게 이야기한다. 듣는 사람은 일과 관련된 이야기인가 싶어 잠자코 듣고 있지만 결국 자기 이야기로 끝나버린다.

이런 유형의 사람은 직장 상사 앞에서도 마찬가지다. 상사와 이야기를 할 때는 상대의 말을 쉽게 끊을 수 없다. 이야기가 잠시 끊어지기를 이제나저제나 기다리다가 이야기가 끊어진 순간 바로 자기 이야기를 시작한다.

꼭 자기 자랑만 늘어놓는 것은 아니다. 실수담일 때도 있고 우스갯소리일 때도 있다. 이런 유형의 사람은 수다 떨기를 즐기거나 말을 잘하는 경우가 많다. 때로는 듣는 사람이 재미있다고 느끼기도 한다.

물론 이런 유형의 사람도 상대에게 "어제 무엇을 했어요?" 하고 물을 때가 있다. 그 질문은 "나는 어제 …했어요"라고 말하기 위한 사전 작업에 불과하다. 이런 유형의 사람이 "혹시 외국에 간 적이 있어요?" 하고 물었다면 물론 그것은 "나는 ○○○에 간 적이 있는데, 그곳에서…" 하는 말이 시작될 전조라고 생각하면 된다.

이렇게 선수를 치는 사람은 처음부터 자기 이야기를 하는 것이 실례라는 생각을 갖고 있기는 하지만, 결국 자신의 얘기를 하게 된다는 것에는 변함이 없다.

물론 이런 유형의 사람은 상대의 이야기에 관심이 없다. 관심은 자기 자신, 또는 자기 주변의 일에 한정되어 있다. 그래서 상대가 말을 해도 거의 귀를 기울이지 않는다. 자기가 말할 기회를 노리고 있을 뿐이다.

사귄 지 얼마 되지 않은 때는 이런 유형의 사람이 사교적이고 명랑하다고 생각한다. 짧은 시간 듣기에는 재미도 있다. 그런데 매번 자기 이야기만 하면 결국 질릴 수밖에 없다.

여성의 눈에는 이런 유형의 남자가 처음엔 재미있는 사람으로 보일 수 있다. 그러나 시간이 갈수록 자기밖에 모른다는 것을 알게 된다. 당연히 대부분의 여성에게 외면당할 수밖에 없다.

한편, 남자 입장에서 이런 유형의 여성을 사귄다면 속내를 숨김없이 털어놓을 만큼 자신을 믿는다고 생각할 수도 있지만, 이런 유형의 여성은 본인 외에는 관심이 없다. 만약 그런 상대와 결혼하게 되면 남편에 대해서는 거의 관심을 갖지 않거나 배려해주지 않을 가능성이 높다는 것을 각오하는 것이 좋다.

대화란 상대를 이해하고 서로 교류함으로써 성립된다. 이런 유형의 사람이 어리석게 보이는 것은 그가 대화의 기본을 이해하지 못하기 때문이다. 이야기 상대를 자신을 어필할 무대의 관객으로 여긴다면 커뮤니케이션이 이루어지지 않는 것은 당연하다. 그래서 처음에는 재미있는 사람으로 여겼어도 결국에는 절레절레 고개를 가로저으며 어리석다고 생각하게 된다.

이런 유형의 사람은 나르시시스트라 할 수 있다. 무엇보다 자기 자신을 사랑한다. 가족도 자신의 연장선으로 사랑한다. 가족에 대해 자랑하는 것은 가족을 사랑하는 것처럼 보이지만 그 본심은 오히려 훌륭한 가족을 배경으로 가진 자신을 자랑하려는

데 있다.

아무튼 이런 유형의 사람은 타인이나 타인의 가족에 대해서 거의 관심이 없다. 결혼 전에야 서로에게 관심이 있을 때니까 자기에 관한 이야기를 해도 용인될 수 있다. 상대의 말을 전혀 듣지 않는데도 말이 통한다고 믿는 여고생들처럼 대화하고 있는 커플이 많은 듯한데, 결혼한 후에는 어떻게 될지 궁금하다.

만약 사귀고 있는 상대가 자기 이야기만 하는 남자라면 한시라도 빨리 헤어지는 것이 좋다. 그런 남자는 나르시시스트여서 자기밖에 모른다. 반대로 사귀고 있는 여성이 그런 타입일 경우 한 번쯤 고민해볼 필요는 있다. 몇몇 여성에게는 상대방이 자기를 더욱 좋아해주기를 바라는 경향이 있다는 점을 감안하더라도 자기밖에 모르는 여성이라면 신중하게 생각해보는 것이 좋다.

직장 동료 중에 자기밖에 모르는 사람이 있다면 '너의 이야기에는 관심 없다'라는 것을 깨닫게 할 필요가 있다. 그 사람이 말을 꺼내면 이야기 방향이나 화제를 다른 쪽으로 돌리는 방법이 유용하다. 그런 유형의 사람이 흔히 하듯이 "그러고 보니 나도……" 하고 말을 잘라 그가 더 이상 자신의 이야기를 이어가지 못하게 하는 것이다.

우선 다른 사람의 이야기에 귀를 기울이겠다고 마음먹어야 한다. 그러기 위해 다른 사람의 이야기에 흥미를 갖도록 노력해보자. 사실 남의 이야기는 재미있다. 이야기를 듣다 보면 그 사람이 어떤 생각을 하는지, 어떤 식으로 사는지 알 수 있다. 그렇게 다른 사람의 이야기를 듣는 습관을 가지면 그만큼 자신의 이야기를 하지 않게 될 것이다.

그래도 자기 이야기를 하고 싶다면 글로 쓸 것을 권한다. 에세이를 쓰는 사람은 기본적으로 많은 사람에게 자신에 대해 말하고 싶은 충동을 갖고 있다. 문장을 쓰면 누구의 방해도 받지 않고 자기 이야기를 할 수 있다. 그것을 누군가에게 보이고 싶다면 인터넷 블로그나 SNS 등에 올리면 된다.

그곳에서는 마음껏 자기 이야기를 해도 다른 사람에게 피해를 주지 않을 뿐더러 그것이 재미있는 이야기라면 많은 사람을 즐겁게 해줄 수도 있다.

상대가 관심 없는 말을 늘어놓는다

앞에서 말한 자기 이야기만 하는 사람과 사귀고 싶지 않은 것만큼, 상대가 관심이 없는 말만 늘어놓는 사람과도 가까이하고 싶지 않을 것이다. 관심 없는 이야기만 늘어놓는다면 십중팔구 상대는 하품을 눌러 참을 것이다. 또는 기계적으로 고개를 끄덕일 뿐 이야기가 끝나기만을 기다릴 것이다. 만약 상대가 거리낌없이 말할 수 있는 사이라면 "재미없으니까 다른 이야기를 하자"고 말할 것이다. 그러나 그 정도의 사이가 아니라면 잠자코 듣는 것이 보통이다.

이런 유형의 사람은 자신이 감동받은 영화나 소설 줄거리를 처음부터 끝까지 말하고 싶어한다. 중간중간 웃어가며 세세한 부분까지 설명한다. 하지만 요즘에는 이런 설명이 반갑지만은 않은 게 사실이다. 아직 영화를 보거나 소설을 읽지 않은 사람에게 흥미를 떨어뜨리는 스포일러가 되기 십상이기 때문이다. 게다가 그 사람의 설명을 들었다고 해서 줄거리를 완전히 이해할 수 있는 것도 아니다. 내용을 파악할 수 없게 되면 흥미가 시들해진다. 또 줄거리를 파악했어도 자신이 직접 보지 않는 한 감동이 덜한 것은 당연하다.

듣는 쪽은 재미없어 넌덜머리를 낸다. 하지만 이런 유형의 사람은 그것을 눈치채지 못한다. 더욱 짜증나는 것은 이미 알고 있는 내용을 장황하게 늘어놓을 때다. "그거라면 이미 알고 있어요" 하고 말할 수 있는 사이라면 괜찮지만 그렇지 않으면 참고 들을 수밖에 없다. 때로는 감동한 척 고개를 끄덕이기도 해야 한다.

영화 이야기만이 아니다. 이런 유형의 사람은 자신이 관심 있는 것만 이야기하기 때문에 데이트를 할 때도 상대방이 관심도 없고 이해할 수도 없는 회사 상황이나 업무에 관한 이야기를 한다. 처음에는 자신이 모르는 세계의 이야기를 해주기 때문에 다소 신선할 수도 있다. 그러나 만날 때마다 그런 상황이라면 이야기는 달라진다. 게다가 "과장은 결단력이나 리더십이 없고, 부장은 사람은 좋은데 깐깐하고…"처럼 늘 똑같은 이야기를 늘어놓는다. 상대방 입장에서는 자신이 전혀 모르는 사람들의 이야기를 듣게 되는 것이다.

"그 이야기 지난번에도 했는데" 하고 말해도 "아, 그랬어?" 하면서 "이제부터가 진짜야. 지난번에 읽었던 책에 나왔던 재미있는 내용인데" 하면서 결국에는 같은 이야기를 반복한다.

이런 사람은 자신만의 세계에 빠져 있기 때문에 따분해하거나 제대로 듣지 않는 상대의 반응에 거의 주의를 기울이지 않는다. 이야기를 듣는 상대가 넌더리를 내고 있다는 것도 알아차리지 못할 정도로 눈치 없고 둔한 스타일이다. 사람 보는 안목이 있는 여성은 이런 남자에게 미련 없이 등을 돌릴 것이다.

이런 사람과 개인적으로 아는 사이라면 그다지 문제될 건 없다. 가까이하지 않으면 자신에게 피해를 주지는 않을 테니까. 그러나 이런 유형의 사람이 직장에 있다면 상당한 인내를 필요로 한다. 특히 상사라면 부하직원은 괴롭고 짜증나는 기분을 눌러 참을 수밖에 없다.

이런 유형의 사람은 거의 모든 대화에서 자신이 처음 발견한 것처럼 이야기한다. 이를테면 다른 사람은 이미 알고 있거나 당연하게 여기는 것인데도 신문에 나왔던 사건이나 자신이 체험한 내용을 자신이 발견한 사실인 양 열변을 토한다.

이런 유형의 사람이 지금까지 다른 부서에 있다가 처음으로 영업부의 일을 담당하게 됐다고 하자. 주위에는 이미 그 분야에서 수십 년 동안 일해온 베테랑들이 여럿 있는데도 자신이 나서서 영업에서의 주의사항을 말하곤 한다. 그가 말하는 주의사항은 아마추어 수준에 불과하다. 그 분야에 인이 박인 사람들에게는 유치하게 들릴 수밖에 없다.

취미 생활에서도 그런 성향을 드러낸다. 특히 사회에서 어느 정도 지위가 있고 성공한 경우라면 다른 사람에게 설교하는데 익숙하다. 정작 그 분야에서는 초보자에 불과한데도 계속해서 자기보다 경험이 많은 사람에게 요령이나 방법을 가르치려 든다.

이런 유형의 사람은 주위 사람이 자기 이야기에 흥미를 갖는다고 착각한다. 아니 오히려 그런 것에는 관심도 없다. 즉, 상대의 기분이나 반응에는 전혀 관심이 없는 것이다.

이런 유형의 사람이 어리석은 이유는 상대가 반응이 없다는 것을 알아채지 못하기 때문이다. 그리고 자기는 침을 튀기면서 떠들어대지만 정작 다른 사람의 이야기에는 귀를 기울이지 않는다. 이런 사람은 대화를 나누는 방법을 모르고 의사소통의 진정한 뜻도 이해하지 못한다. 상대와 마음으로 교류할 수 없는 것이다.

만약 자신의 남편 혹은 아내가 이런 유형의 사람이라면 같이 살면서 대응법을 깨달았을 것이다. 바로 상대방의 이야기를 듣는 척하면서 한쪽 귀로 흘려버리는 방법이다. 이렇게 듣는 사람이 별로 반응을 보이지 않으면 이야기할 맛이 나지 않아서 도중에 이야기를 끝낸다. 그러나 하품을 하는 등 따분해하는 모습을 노골적으로 드러내면 기분을 상하게 할 수도 있으므로 적당한 선을 유지하는 것이 좋다.

반면, 듣는 사람이 도중에 질문이라도 해서 끼어들면 상대는 더욱 신이 나서 이야기를 계속 늘어놓게 되므로 주의해야 한다.

할 수 있다면 이런 유형의 사람과는 가까이하지 않는 것이 좋다. 만약 직장에서 어쩔 수 없이 부딪쳐야 한다면 이야기의 화제를 돌려야 한다. 가능한 한 그 사람이 관심을 갖지 않는 화제로 이야기를 돌려버린다. 다른 화제라도 그 사람이 관심을 갖는 주제라면 다시 그 사람의 이야기를 질리도록 들어야 하기 때문이다.

혹시 내가 그런 사람일까?

상대방이 관심없는 말만 늘어놓는 사람이 자신의 잘못을 스스로 깨닫는 것은 거의 불가능에 가깝다. 다른 사람의 반응에 완전히 무관심하기 때문이다. 그런 사람의 주변에는 이야기를 들어주는 사람이 점점 줄어들게 된다. 그것으로 눈치챌 수도 있지만, 대개는 모르기 십상이다. 그가 고독해지는 것은 주위 사람에 대한 무관심의 결과이므로 어쩔 수 없다.

그러나 조금이라도 그 자리의 분위기나 듣는 사람의 반응을 알아차릴 수 있는 사람이라면 자신의 어리석음을 고칠 가능성이 있다.

가령 혼자만 2분 이상 떠들지 않는다는 원칙을 세워두면 좋다. 혼자서 떠드는 것은 주위를 따분하게 만드는 행동이다. 대화란 여럿이 같이 이야기를 나누는 것이다. 따라서 될 수 있으면 혼자서 떠들지 않도록 하자. 계속 이어 말하고 싶어도 잠시 틈을 둔다. 그때 누군가가 "그래서 그다음에 어떻게 됐어요?" 하고 물으면 기본적으로 주위 사람이 자신의 이야기를 듣고 싶어한다고 판단해도 좋다.

속물적이고
낮은 수준으로 해석한다

어떤 사안에 대해 꼭 쓸데없는 말이나 생각을 덧붙여 낮은 수준으로 해석하는 사람이 있다. 한마디로 상대방을 무시하거나 상황을 억측하는 사람이다. 예를 들어, 나는 어떤 사람을 질책할 때는 그 사람이 제대로 자기 몫을 해내기를 바라는 심정에서 엄하게 대하는 편이다. 질책을 당하는 쪽도 그것을 인식하고 있다. 그런데 그것을 보고 있던 제3자가 어리석게도 나를 가리켜 '저 사람은 잘난 척하고 싶어서 누군가를 야단치는 것'이라고 해석한다.

예술가가 돈만 바라고 작품을 만드는 것은 아니다. 물론 작품을 팔아서 생활하는 것도 중요하지만 예술가라면 누구나 창조 욕구와 표현 욕구를 가지고 있다. 따라서 돈이 되지 않는다 해도 최선을 다해 작품 활동을 한다.

그런데 무엇이든지 낮은 수준으로 해석하는 사람은 그런 점을 감안하지 않고 무시한다. 그리고 예술가에 대해서도 '돈을 벌려고 작품을 만든다'고 단정한다.

누가 사교댄스 모임에 나간다고 하면 "이성이 그리운 모양이군" 하고 멋대로 단정짓고, 누가 클래식 음악 연주회에 간다고 하면 "고상한 취미를 가졌다고 말해주길 바라는 거야" 하고 평가한다. 누가 선보기를 거절하면 "저 사람은 콧대가 높아"라고 말한다. 의사가 되고 싶다는 사람에 대해서는 "돈은 많이 벌겠군" 하고 한마디 한다. 이처럼 가장 단순하고 저속한 욕망을 기준으로 사람을 판단하고 그의 선택을 해석한다.

물론 그런 해석이 정확할 때도 있다. 인간이란 속물적인 동기에서 행동하기도 한다. 모두 고결한 생각만 하는 것은 아니다. 예술적인 행위의 저변에는 '작품을 팔고 싶다', '눈에 띄고 싶다', '유명해지고 싶다', '인기를 얻고 싶다', '후세에 이름을 남기고 싶다'라는 의식이 깔려 있을 것이다.

그러나 인간은 그렇게 단순하게 해석할 수 없다. 저마다 사연이 있고 사정이 있다. 사교댄스를 하는 것에도, 클래식 음악 콘서트에 가는 것에도, 선을 거절한 것에도 저마다의 사정이 있다. 그것을 일률적으로 해석할 수는 없다.

실제로 고결한 이상을 가진 사람도 많다. 원래 인간은 욕망만으로는 살 수 없다. 물론 인간의 내면에는 꿈틀거리는 원초적인 욕망이 없지 않지만, 그보다 이상과 이념과 인생관이라는 높은 차원의 가치관을 가지고 있다. 인간은 그에 따라서 행동하는 측면이 많다.

그런 인간의 행동을 일률적으로 단순하게, 그것도 저속한 욕망의 발로로 해석하는 것은 오히려 그렇게 생각하는 당사자의 사고 수준을 드러내는 것일 수 있다.

사람의 행동을 보고 '돈을 밝힌다', '물건을 팔려 한다'고 해석하는 것은 자신이 평소 돈을 벌고 싶다고 생각하기 때문이다. 바꿔 말하면 자신에게는 더욱 심오한 동기가 없다는 것을 주위 사람 앞에 드러내는 셈이다. 그것은 결코 세련된 행동이 아니다.

특히 여성은 그런 견해를 싫어한다. 처음에는 '재미있는 사람'으로 보일지 모르지만, 시간이 지나면 그 사람의 수준이 그대로 드러나게 되어 매력이 없어진다.

그런 남자는 여성이 화려하게 꾸미고 오면 자신을 위해 한껏 멋을 부렸다고 믿어버린다. 그 정도라면 괜찮다. '오늘밤 나와 같이 있고 싶은 게 분명해' 하고 멋대로 해석하고 행동한다. 또는 여성이 무언가를 보고 '예쁘다, 좋다' 하고 중얼거리면 사달라는 것이라고 해석한다.

모든 것을 돈과 낮은 수준의 욕망으로 해석하는 남자와 어울리는 여성도 있겠지만 지혜로운 여성이라면 그 속셈을 알아채고 함께 있고 싶지 않을 것이다.

인간도 세상도 생각만큼 단순하지 않다.

모든 일을 낮은 수준으로 해석하는 유형은 자신에 대해서도 그렇게 생각한다. 그런 사람과는 개인적인 만남을 갖지 않는 것이 안전하다. 가까이하면 자신도 그런 인간이 되어버린 듯한 기분이 들 것이다.

가까운 동료 중에 이런 부류의 사람이 있다면 그 사람의 해석을 듣지 말 것. 득의양양하게 자신의 해석을 떠들어대는 사람의 예상이 맞을 때도 있을 것이다. 아무리 그렇다고 해도 그의 말에 관심을 보이면 더욱 당당하게 모든 사물에 낮은 수준의 해석을 적용시킬 게 뻔하다. 직장 동료 등 가깝게 지내는 사람으로부터 그런 취급을 당하면 피해를 입을 수도 있다.

따라서 분명하게 “그렇지 않은 경우도 있다”, “그런 어리석은 해석으로는 세상을 다 이해할 수 없다”라고 말해주는 것이 좋다.

혹시 내가 그런 사람일까?

가령 자신이 댄스 학원에 다니기 시작한 동료에 대해 "그 친구, 여자와 사귀고 싶어서 댄스 학원에 다니는 거야" 하고 말했을 때 누군가로부터 "자네도 사실은 배우고 싶은 것 아냐?" 하고 꼭 집어 지적을 당했다면 반성할 일이다.

친한 사람이라면 그렇게 말해줄 수 있다. 이럴 때 주위 사람들이 자신의 이야기를 그다지 유쾌하게 받아들이지 않는다는 것을 빨리 알아채야 한다.

인간은 단순한 욕망만으로 살아가지 않는다는 것을 인식하자. 인간의 행동에 대해 더 높은 차원의 고결한 이상을 기준으로 해석하는 것이 지성적으로 보이게 한다는 것도 알아두자.

물론 아무것도 아닌 것에 의미를 부여하는 것은 어리석은 일이지만 심오한 동기를 욕망으로 해석하는 것보다는 훨씬 지적이다. 그것을 확실히 염두에 두어야 한다.

어떡해서든 눈에 띄려고 한다

어디를 가나 눈에 띄고 싶어하는 사람이 꼭 있다. 눈에 띄는 행동이나 말로 주위의 관심을 끌거나 주변 사람을 놀라게 한다. 이런 유형의 사람은 마음에 드는 이성이 옆에 있으면 한층 더 그렇게 행동한다.

눈에 띄려는 것 자체는 결코 어리석은 짓이 아니다. 세상 사람들에게 주목받고 각광받는 스타급 연예인이나 운동선수, 예술가들은 다른 사람들보다 더 돋보이고 눈에 띄는 것이 그들 직업의 유지 비결이기도 하므로 그들을 어리석다고 할 수는 없다. 문제는 눈에 띄려는 욕구가 심해져 자기 과시욕으로 변질되는 경우다.

이런 사람은 늘 어떻게 하면 눈에 띌까만 생각하고, 눈에 띄려고 노력하는데도 그것이 받아들여지지 않으면 그보다 비참한 것은 없다고 생각한다. 이런 사람들에게는 두 가지 유형이 있다.

첫 번째는 익살을 떠는 스타일이다. 고등학교나 대학교 시절 수업 중에 큰 소리로 교사를 놀리거나 친구에게 말을 걸었던 사람을 떠올리는 사람도 많을 것이다.

이런 유형의 사람은 큰 소리로 재미없는 개그를 연발하거나 억지스러운 성대모사 하기를 좋아한다. 그리고 꼭 분위기 파악도 못 하고 엉뚱한 말로 익살을 떤다. 그것이 가장 손쉽게 눈에 띄는 방법이기 때문이다.

너무 눈에 띄려고 한 나머지 인정을 받기 위해 일부러 실수를 하는 경우도 있다. 일부러 의자에서 미끄러지거나, 일부러 틀린 말을 하거나 다른 사람의 말투나 행동을 흉내낸다.

학생이라면 그나마 봐줄 수 있지만 사회인이 된 후에도 그런 행동을 계속한다면 그보다 더 우스꽝스러운 일은 없지 않을까.

물론 유머 센스가 있거나 날카로운 의견을 제시하는 경우라면 괜찮다. 그런 사람 주변에는 웃음이 끊이지 않고 많은 사람이 그의 의견을 경청한다. 그러나 눈에 띄려는 의욕만 앞서는 사람은 대개 센스가 없고 웃길 줄 모른다. 오히려 그의 과장된 행동에 주위 사람이 민망해하거나 실소를 연발할 수밖에 없다.

이런 유형의 남자와 사귀는 여성은 늘 재미없는 농담 때문에 난처해한다. 이런 사람은 반응이 썰렁하면 기분 나빠하기 때문에 주의해야 한다. 결국 여성이 먼저 지쳐서 등을 돌릴 것이다.

두 번째는 큰 소리를 내기보다 좀더 지적으로 눈에 띄려고 하는 스타일이다. 회의 중에 남들은 생각지 못한 예리한 지적을 하거나 업무를 할 때도 누군가에게 의지하지 않고 스스로 알아서 처리하려고 한다.

그점을 감안하면 이런 사람은 건실하고 지적이며 업무 능력이 있다. 그러나 눈에 띄는 것을 좋아하기 때문에 때로는 어리석음을 드러내고 만다.

가령 회의를 하고 있다고 치자. 자신을 돋보이고 싶어하는 사람이 아직 눈에 띄는 말이나 행동도 하지 않았는데 회의가 끝나려고 한다. 그 사람은 마음이 초조해진다. 눈에 띄는 말이나 행동으로 상사나 동료에게 자신의 장점을 어필하고 싶고, 만약 그 회의 자리에 마음에 드는 이성이 있다면 이번 기회에 점수를 따고 싶어진다. 그는 회사를 이끌어가는 영웅이 되기로 마음 먹는다. 그리고 그것을 보여주려고 이렇게 말한다.

"여러분은 이 방법이 좋다고 했지만 나쁜 점도 많다고 생각합니다. 처음부터 다시 생각해보는 게 좋지 않을까요?" 지금까지 오랜 시간 토론을 거쳐 결정한 것을 한순간에 부정해버리는 것이다.

그것에 대한 확실한 증거가 있는 것도 아니고 그저 눈에 띄고 싶어서 말하는 것이기 때문에 설득력이 있다고 할 수 없다. 초조한 나머지 지리멸렬한 말로 볼썽사나운 태도를 드러냄으로써 주변 사람의 신뢰를 잃을 뿐이다.

말하자면 이런 유형의 사람은 실력이 없는데도 지적으로 보이고 싶어하는 타입이다. 이런 남자는 여성을 사귈 때도 늘 자신이 박식하고 능력 있는 것처럼 보이고 싶어한다. 그래서 자신은 회사에서 이렇게 인정받는다, 이런 일을 했다, 요즘에는 이런 지식이 유행한다며 장황하게 늘어놓는다.

사귄 지 얼마 되지 않았을 때는 '이 사람 대단하구나' 하고 생각할지도 모르지만 시간이 지나면 질릴 게 분명하다.

이런 사람은 어떻게 대처해야 할까? 첫 번째 타입이라면 너그러이 봐주는 것도 좋다. 단 결혼 상대로서는 바람직하지 않다. 그도 그럴 것이 어디서든 그다지 신임을 얻지 못하는 타입이기 때문이다.

두 번째 타입의 경우 계속 사귈 생각이라면 상대를 치켜세워 주어야 한다. 그렇지 않으면 비딱하게 나올 수 있다. "대단하다"라고 감탄하면 남자는 우쭐해할 것이다. 어쩌면 칭찬을 들으면서 나름대로 실력을 쌓을 수도 있다. 그러면 다행이지만 거꾸로 나이가 들수록 더욱 현실과는 거리가 먼 허세를 부릴 가능성이 높다.

첫 번째 타입의 사람이 같은 직장에 있을 경우 그를 도와주는 의미에서 이 사람의 센스를 높여주려고 하는 것은 무리다. 오히려 재미없는 신소리를 해도 꾹 참고 받아들이는 넓은 아량을 베풀어야 할 수도 있다. 물론 그 농담이 재미없다는 것을 인식시켜주는 것이 좋다.

부하직원이나 동료 가운데 두 번째 타입의 사람이 있는 경우에는 너무 흠만 잡지 말고 눈에 띄고 싶어하는 마음을 인정해주는 것도 필요하다. 때로는 눈에 띄고 싶은 마음이 개성적으로 사고하고, 독창적인 아이디어를 제시하는 계기가 될 수도 있기 때문이다. 단 너무 내용 없는 말을 할 때는 명확하게 지적해줄 필요가 있다.

혹시 내가 그런 사람일까?

만약 내가 그런 사람이라면 둘 가운데 하나를 선택하면 된다. 하나는 눈에 띄기를 포기하는 것이다. 물론 이것이 해결책으로서는 압도적으로 간단하다. 특히 유머 센스를 익히기란 쉽지 않다. 따라서 익살을 부려 인기를 얻으려 해도 센스가 없다면 마음대로 되지 않을 것이므로 포기하는 것이 빠르고 현명한 선택일 수 있다.

다른 하나는 예리한 발상으로 일에서 눈에 띄는 방법을 선택하는 것이다. 그것이 결코 불가능한 일은 아니다. 건실하고 진지하게 일에 몰두하면 애써 눈에 띄려 하지 않아도 눈에 띄게 되어 있다. 매번 히트를 날릴 필요는 없다. 매번 히트를 날리려고 하면 무리하게 된다.

무리하게 실력 이상의 것을 해내서 눈에 띄려고 하기보다 자신에게 맡겨진 일에 묵묵히 최선 다하는 모습을 보여주는 것이 더 바람직하다. 그렇게 하면 어느 정도 실수를 해도 너그럽게 봐줄 것이다.

PART 3

인간관계를 망가뜨리는 꼴불견 대화습관

이런 사람과는 엮이고 싶지 않다

자신의 주변에 사귀고 싶지 않거나 가까이하고 싶지 않은 사람이 한두 명은 있을 것이다. 사적인 관계라면 의도적으로 그렇게 할 수도 있다.

또 친척이나 이웃이 그런 사람이라면 집안 대소사에 참석하지 않거나 이웃과 동선이 겹치지 않게 다니는 등의 방법으로 최대한 접촉하는 횟수를 줄일 수는 있다.

그러나 같은 직장에서 함께 일해야 하는 경우에는 그것이 말처럼 쉽지는 않다. 때로는 하루종일 얼굴을 마주해야 할 때도 있다. 그럴수록 더욱 그 인간의 어리석은 점, 싫은 점이 눈에 띄게 된다.

3장에서는 가능한 한 가까이하고 싶지 않거나 같이 엮이고 싶지 않은 유형을 정리했다. 그런 유형의 사람은 대화습관으로 쉽게 알 수 있다. 그런 대화를 하는 사람과 어쩔 수 없이 가까이해야 한다면 어떻게 해야 하는지, 그가 스스로 깨닫고 고치게 하기 위해서는 어떤 방법을 취해야 하는지, 그 대처법을 함께 생각해보자.

만약 여기에 소개된 대화습관의 사례를 읽고 내가 그런 사람이 아닌가 조금이라도 의구심이 든다면 즉각 그런 습관을 바꾸도록 하자. 그렇게 하지 않으면 지금처럼 개인의 인성과 능력이 우선시 되는 시대에 자신의 실체를 제대로 인정받지 못하게 될 게 뻔하며, 개인적으로도 여러분과 가까이하고 싶어하는 사람이 남아 있지 않을 것이다.

자기 자랑만 늘어놓는다

자기 자랑을 늘어놓는 사람은 어리석게 보일 뿐만 아니라 모든 사람의 미움을 받는다. 이런 유형의 사람은 언제 어디서나 자기 자랑을 하지 않으면 직성이 풀리지 않는다.

나는 유복한 환경에서 자랐다, 학력이 높다, 일을 잘한다, 상사의 신뢰를 받고 있다, 아이가 공부를 잘한다, 남편이 고위직이다 등등.

물론 직접적으로 자랑을 하는 것은 아니다. "100만 원 이하의 정장은 입어본 적이 없다", "이런 값싼 물건을 파는 가게에는 와본 적이 없다", "디너를 20만 원 이하로 먹을 수 있다니 정말 싸네" 하면서 은근히 돌려 말하는 식으로 자신의 부를 과시한다.

또 이런 식의 자기 자랑을 상대방 한 사람에게만 말하는 것이 아니라 많은 사람이 있는 곳에서 굳이 주위 사람 들으라는 듯이 큰 소리로 말할 때도 있다. 혹은 주위에 들릴 만한 목소리로 휴대전화 통화를 하면서 자연스럽게 자기 자랑을 늘어놓을 때도 있다.

이런 유형의 사람은 부끄러울 수도 있는 이야기마저도 자기 자랑으로 바꿔버린다. "우리 아이는 선생님이 소질이 있다고 하는데도 공부를 전혀 안 해요", "우리 애는 시험 날 컨디션이 안 좋아서 1지망 사립중학교에 근소한 점수 차이로 떨어졌어요. 그래서 하는 수 없이 2지망 학교에 다니는데 영 의욕이 나질 않는대요", "얼마 전에 본 시험에서 우리 애가 성적이 잘 나와서 선생님한테 칭찬을 받았는데도 더 노력하려고 하질 않아요. 욕심이 없다니까" 하는 식으로 자랑을 한다.

어떻게 저런 내용을 자랑이라고 하나 싶을 정도로 이상한 자랑을 할 때도 있다. "우리 애는 꾈사나운 옷은 싫다며 샤넬을 사달래"라고 말하는 경우다. 그것은 '우리 애는 사치를 좋아하는 단세포야' 혹은 '나는 자식을 잘못 키웠어' 하는 말로 들리는데, 정작 본인은 '우리 애는 샤넬을 입을 정도로 센스가 있어'라는 의도를 드러내고 싶은 것이다.

이런 유형의 사람이 어리석게 보이는 것은 자신이 얼마나 사람들의 눈총을 받는 말을 하는지 이해하지 못하기 때문이다.

무의식중에 이런 식으로 말할 때도 있다. "우리 집은 마당이 넓어서 청소하는 것도 큰일이야. 오늘도 정원사 불렀잖아. 그 집은 얼마나 좋아, 마당이 없어서" 하는 말을 아무렇지도 않게 한다. 그런 무신경함은 그들의 또 다른 특징이다.

시도 때도 없이 자랑을 일삼는 사람의 잘난 척을 듣고 기분 좋은 사람은 없다. 자기 자랑을 하는 사람이 자신보다 전반적으로 뒤떨어진다면 열등감에서 그러는 것이라 여기고 그나마 들어줄 수도 있겠지만, 그렇지 않고 자기의 부나 명예를 내세우며 자랑하면 그보다 불쾌한 일은 없다. 자기 자랑을 하는 사람은 다른 사람이 불쾌하게 여긴다는 것도 눈치채지 못하고 자랑하기에 여념이 없다.

특히 이런 유형의 사람은 누가 자랑 비슷한 말만 하면 더욱 자기 자랑에 열을 낸다. 남의 자랑을 듣는 것이 유쾌한 일은 아니라는 것을 감정적으로는 알고 있을 텐데도 본인은 자랑을 멈추지 않는다.

아마도 자기 자랑을 드러내는 사람은 대부분 열등감이 심한 사람일 것이다. 주위에 자신의 약점이나 단점이 드러나면 자존심이 무너질까 봐 자랑하는 것으로 자존심을 지키는 것이다. 때로는 마음속으로 자신의 학벌이나 집안을 의지하며 산다.

결국 열등감의 다른 측면으로서 사기 자랑을 늘어놓는 셈이다. 그것의 반증으로 자랑해야 마땅할 지위와 집안을 가진 사람이 스스로를 자랑하는 것을 듣거나 본 적이 없다.

자랑을 늘어놓는 사람에게 한 번쯤은 주위 사람들이 그런 행동을 불쾌하게 여긴다는 것, 자기 자랑은 어리석은 행동이라는 것을 느끼게 할 필요가 있다. 그것을 몰라서 계속 자기 자랑을 하는 것이기 때문이다.

단, 상대가 직장 상사나 윗사람일 경우에는 쉽지 않다. 조금 위험하지만 그 사람을 상대로 자기 자랑을 하는 것도 한 가지 방법이다. 그가 예전에 이야기했던 것과 똑같은 것을 자랑하는 것이다. 상대가 조금이라도 눈치 있는 사람이라면 그 자랑을 듣고 자신의 행동을 반성할 것이다. 그렇게 해도 분위기 파악을 못 하고 자기 자랑을 또 시작하면 서둘러 자리를 피하는 것이 제일이다.

혹시 내가 그런 사람일까?

자기 자랑이 얼마나 주위 사람들을 불쾌하게 만드는지 알아야 한다. 자신은 별생각 없이 자기 자랑을 하겠지만 그것으로는 다른 사람과 대화가 이루어질 수 없다.

그래도 꼭 자랑하고 싶다면 취미에 관해 말하는 정도는 괜찮을 것 같다. 가령 나는 "베토벤의 제9악장을 연주한 여러 연주가들의 CD를 180장 정도 갖고 있다"고 말하면 자랑을 하는 것에 대한 자기 만족은 얻을 수 있을 것이다.

한편으로 그 누구도 부러워하기보다는 "꽤 특이한 사람이군"이라며 놀라는 것이 고작일 수도 있다. 이 같은 자기 자랑을 가끔씩 하는 정도라면 주변 사람들이 놀라는 반응을 보이기는 해도 불쾌하게 여기지는 않을 것 같다.

실속 없는 말로 허세를 부린다

자존심 강한 사람이 빠지기 쉬운 것이 '허세'다. 그런 유형의 사람은 누가 다른 사람을 칭찬하면 금방 얼굴색이 바뀌면서 칭찬받은 사람을 깔보거나 무시한다. 칭찬한 사람이 스스럼없는 상대라면 바로 "그 정도는 누구나 할 수 있다"거나 "그 정도로 일일이 감탄할 건 못 된다"라고 말한다. 그렇지 않은 경우에는 불쾌한 태도를 취한다. 때로는 갑자기 전혀 관계없는 자신의 오래전 성공 스토리를 꺼내곤 한다.

결국 그런 사람은 '내가 그 입장이라면 그 정도의 일은 할 수 있다'라고 말하고 싶은 것이다. 그리고 자신이 더 능력 있다는 것을 사람들이 알아주길 바라는 마음에 다른 사람의 일은 깎아내리려고 안달한다.

특히 자기와 가까운 사람의 일에 대해서는 적당히 눈가리고 아웅하는 식의 칭찬밖에 하지 않는다. 그나마도 억지로 한다는 것을 금방 알 수 있을 정도다.

이런 유형의 사람은 자신의 실력을 과대평가한다. 어떤 일을 의뢰하면, "그런 것 정도는 간단히 할 수 있다"며 당당히 받아들인다. 자신감 넘치는 모습에 주위 사람이 신뢰하고 일을 맡기지만, 제대로 된 결과물이 나올 리 없다. 시간이 지나도 일이 끝나지 않는가 하면, 해놓은 일도 수준에 훨씬 못 미친다. 물론 실력이 따라주지 않기 때문에 당연한 결과지만….

이런 사람에게 일의 결과가 수준 이하라고 지적하면 이렇게 변명한다.

"이번 일은 나한테 안 맞는 거였다", "마침 다른 일이 생겨서 시간이 부족해 조금 소홀히 했다", "아버지가 아프셔서 시골집에 다녀오느라 시간에 맞추질 못했다", "컴퓨터에 문제가 생겨서 한동안 일을 하지 못했다" 등등 변명의 이유를 들어보면 꽤 그럴듯하다 싶을 정도로 다양하다.

그것이 한두 번이라면 그럴 수도 있다고 용인하지만 이런 변명이 일할 때마다 반복되면 서로 곤란해진다.

또 이런 유형의 사람은 다른 사람으로부터 결점을 지적받기 전에 미리 선수를 쳐서 "이번에는 사정이 있어서 일을 제대로 못했다"고 강조할 때도 많다.

그런 사람이 말하고 싶은 것은 이번에 실수한 것은 아주 드문 일로 실력이 없어서가 아니라는 것 하나다. 그리고 이렇게 덧붙이면서 허세를 부리는 것도 잊지 않는다. "좀더 제대로 된 일이라면 일할 의욕이 났을 텐데."

그럴 때 누군가 "자네는 실력이 없으니까 이런 일밖에 할 수 없는 거야. 자신의 진짜 능력을 알고 제대로 노력해" 하고 주의를 주기라도 하면 토라져서 일을 내팽개친다. 그러고는 뒤돌아서 "저 인간은 나의 가치를 이해하지 못한다"고 화를 낸다.

이런 유형의 사람은 사실 자신감이 없다. 실력이 없는 것을 스스로 인정하고 싶지 않기 때문에 부족한 자신의 실력은 문제 삼지 않고 스스로 향상할 기회를 저버린 채 허세를 부리는 것이다.

이런 사람을 대할 때는 일과 관계없고 실질적인 해가 없는 한 내버려두고 지켜보거나 변명 섞인 허세를 참고 들어주는 것도 하나의 방법이다. 그러나 일을 같이하는 동료라면 이야기는 달라진다.

부하직원일 경우에는 "입으로 그렇게 허세를 떨어도 아무도 듣지 않아", "그런 변명을 해도 아무 소용 없어" 하고 확실하게 한마디하면 된다. 그 말에 토라지는 부하직원이라면 처음부터 크게 될 가망은 없다.

단, 좋은 관계를 유지해야 하는 동료일 경우에는 그렇게 말로 하면 관계가 틀어질 위험이 있으므로 말투를 부드럽게 할 필요가 있다. "이번에는 이렇게 됐지만 다음에는 꼭 자네의 실력을 보여줘" 하고 격려하는 것도 좋다.

그래도 고쳐지지 않는다면 어떡해서든 일에서 손을 떼게 해야 한다. 시간이 지나면 상사도 그런 유형의 사람이 허세만 부리고 실력이 없다는 것을 알게 된다. 일반 직장에 그런 사람이 있다면 자연히 도태될 것이다.

그러나 엄격한 능력 평가 시스템이 없는 조직에서는 그런 사람과 같이 일하고 싶지 않은 사람이 스스로 전근을 하거나 부서 변경을 하는 수밖에 달리 방법이 없다.

혹시 내가 그런 사람일까?

큰소리치지 않아도 진짜 실력이 있다면 모든 사람이 그 사람의 업적을 인정한다. 허세를 부리지 않아도 자신의 실력이 없다는 것을 인정하고 노력한다면 실력을 키울 수 있다.

만약 자신이 이런 유형의 사람이라면 무엇보다 먼저 자신에게 실력이 없다는 사실을 자각해야 한다. 자각하지 못하면 이런 허세를 교정하기란 쉽지 않다. 말이 아닌 정신 그 자체를 고쳐야 하기 때문이다.

이런 사람에게는 자기 과대평가라는 벗어나기 어려운 특징이 있다. 자기 평가와 사람들의 평가가 동떨어져 있는 것이다. 사람들로부터 평가받고 싶다면 입으로만 큰소리를 칠 것이 아니라 그 증거를 보여야 한다. 한 번이라도 노력해서 확실한 성과를 보이면 자신의 주장이 허세로 보이지 않을 것이다. 그렇게 하면 변명할 일도, 큰소리칠 일도 없을 것이다.

다른 사람의 말에 귀 기울이지 않는다

사람의 말을 제대로 듣지 않는 사람이 있다. 여럿이 모여 대화를 나눌 때 조금 전까지 화제의 중심이었던 이야기를 놓치고는 엉뚱한 말을 해서 대화의 흐름을 끊는다. 또는 분명히 그 자리에 같이 있었는데도 누군가 이미 했던 질문과 똑같은 질문을 해서 사람들을 어이없게 만든다. 심지어 상대는 그런 말을 한 적이 없는데, "자네 이런 말을 했잖아" 하고 공격해 상대를 당황스럽게 만들기도 한다.

이런 유형에는 세 가지가 있다.

첫 번째는 타인에게 원래 관심이 없기 때문에 사람의 이야기를 들을 마음이 없는 사람이다. 혼자서 다른 생각을 하느라 주위 사람의 이야기가 머릿속에 들어오지 않는다. 따라서 이런 사람은 주변 사람들과 자연스럽게 어울리기 힘들다.

이들 중에는 자기가 관심 두는 주제에 대해서만 이야기하는 사람이 있다. 가령 상대가 어떤 일에 대해 질문을 하면 한마디 정도는 그것과 관련된 대답을 하지만, 어느새 이야기 주제가 점점 바뀌어서 전혀 다른 이야기를 한다. 어떤 화제든지 자신의 관심 분야로 끌고 가는 것이다.

이런 유형의 사람은 독선적인 해석을 내리기 쉽다. 조직에서는 이런 사람이 흔하지 않다. 사회에 적응하는 데 서툴러서 집단생활을 하지 못하기 때문이다.

두 번째는 선입견을 갖는 사람이다. 어떤 사람이나 사건에 대해 별 다른 이유도 없이 자기가 이미 가지고 있는 생각대로 믿어버린다. 상대가 무슨 말을 해도 그 말이 전혀 귀에 들어오지 않는다. 심지어 상대의 별것 아닌 이야기도 오해해서 듣거나 완전히 다른 반론을 펴게 된다.

이런 유형의 사람은 타인의 생각을 이해하려는 의지가 없다. 그래서 상대의 말에 귀를 기울이려 하지 않는다. 늘 자신이 옳다고 믿고 있어서 누가 무슨 말을 하면 자신을 비판하는 것으로 받아들인다. 그래서 종종 시비조의 태도를 보이며 발언하려는 사람의 말을 걸고넘어진다.

세 번째는 근본적으로 이해력이 결여되어 있는 사람이다. 사람의 말이나 문장을 이해하지 못한다. 무엇이 그 문장에서 가장 중요한 말인지 파악하지 못한다. 그래서 핵심을 벗어난 반론을 펴고 동의를 구하려 한다.

특히 이런 유형의 사람은 대화 중에 자신의 의견과 대립되는 부분에만 신경을 쓰기 때문에 전후 맥락을 무시하는 경향이 있다. 가령 상대가 "테러에도 정당한 면이 있다고 하는 사람이 있는데 그것은 잘못이다" 하고 말했어도 그 말 중에 "테러에도 정당한 면이 있다"는 부분만 머릿속에 담아두고는 그의 결론을 완전히 무시한다.

게다가 이런 유형의 사람은 상대의 말 중에 비본질적인 것에 집착한다. 그 사람이 말하고 싶은 내용이 아니라 단지 주장의 예로 제시하는 것에 반응한다. 한 사람이 "테러는 좋지 않다. 그것 때문에 비행기의 수하물 검사가 까다로워졌다. 이대로는 세계가 지독한 인간 의심증에 걸릴 것이다" 하고 말하면, "그러면 수하물 검사를 해서는 안 된다고 주장하는 것이냐"며 화를 내거나 "수하물 검사를 하는 것에는 반대한다"고 주제와는 상관없는 의견을 제시한다.

타인의 의견을 이해하지 못하는 것이야말로 가장 어리석다고 할 수 있다. 타인을 이해한 후에야 자기 의견이 성립되며 타인을 이해함으로써 비로소 커뮤니케이션이 이루어진다.

이런 유형의 사람에게 오해를 받았을 경우에는 거리낌 없이 "나는 그렇게 말하지 않았다. 내가 하는 말을 제대로 들어달라"

고 요구해야 한다. 그렇지 않으면 마지막까지 오해를 받게 된다. 만약 상대가 상사나 나이가 많은 사람이라면 "정말 죄송합니다. 오해를 살 만한 말을 했을지도 모르지만 제가 말하고 싶었던 것은…" 하고 다시 한번 정확하게 자기 의도를 전달할 필요가 있다.

타인에 대해 관심이 없는 사람에게 지금 새삼 타인에게 관심을 가지라고 요구하는 것은 무리일 수 있다. 그러나 선입견으로 타인을 오해하는 편이라면 충분히 예방할 수 있다.

혹시 내가 그런 사람일까?

스스로 자신이 쉽게 선입견을 갖는 유형이라고 판단되면 상대에게 질문하는 것을 잊지 않도록 한다. 자신이 지레짐작할 것 같은 조짐이 느껴지면 "당신이 말하고 싶은 것이 이런 것입니까?" 하고 물어보자. 그 질문 하나로 자신의 어리석음에서 벗어날 수 있다.

또 하나 상대방의 진의에 대해 이해력이 없는 사람은 이해력을 키워야 한다. 이해력을 키우는 연습으로 가장 좋은 것은 다른 사람의 글과 사연을 많이 읽어보는 것이다. 언론사의 사설이나 기고문은 짧으면서도 말하고 싶은 것이 분명하다. 뿐만 아니라 매일 새롭게 바뀐다. 매일 아침 이런 글들을 읽고 글의 주제를 파악하는 연습을 하면 큰 도움이 된다. 주제어를 찾아 그 문장이 무엇에 대해 말하는지를 명확히 파악하다 보면 자기도 모르게 이해력이 길러질 것이다.

아부만 하고
자기 의견은 말하지 않는다

아부만 하고 자기 의견을 말하지 않는 사람이 있다. 상사가 무슨 말을 하면 "당연하죠, 당연합니다", "그럼요, 그렇죠" 하는 말만 하고 자기 의견은 말하지 않는다.

재미있는 것은 상사가 "○○는 …라고 하더군. 하지만 나는 반대야" 하고 말할 때, "○○는 …라고 하더군"이라는 부분에서 계속 고개를 끄덕여 찬성의 뜻을 나타낸다. 그러다가 "…하지만" 하고 반대의견을 말하면 거기에서 또다시 고개를 끄덕인다. 주위에서 보면 우스꽝스러운 모습이지만 본인은 그것을 알아채지 못할 때가 많다.

그뿐만 아니라 앵무새처럼 상사가 한 말을 되풀이하기도 한다. 상사가 "요즘 …의 매상이 떨어지니까 어떻게 할지 대책을 세우지 않으면 안 된다"라고 말하면 그 사람은 "대책을 세우지 않으면 안 되죠" 하고 되풀이한다. 그리고 그렇게 앵무새처럼 따라하다가 본인도 아차 싶으면, 이번에는 조금 눈치 빠르게 상사가 이야기하려는 것의 실제 사례를 거론하며 상사의 말을 거든다.

상사가 요즘 매상이 떨어지고 있다고 하면 "맞습니다. ○○와 △△의 매상이 떨어지고 있죠" 하고 덧붙이는 식이다. 가끔 잘못된 예를 들다가 상사에게 주의를 들으면 "아, 그렇군요. 제가 틀렸습니다" 하고 솔직하게 인정하는데, 그 후에도 다시 같은 일이 반복된다.

그러다 보면 본인도 빗나간 발언이라는 것을 깨닫고 점점 자신의 의견을 말하지 않게 된다. 의견을 물어도 대세가 확실해질 때까지 자신의 의견은 말하지 않고 "그렇죠" 혹은 "어려운 문제네요"라는 말로 어떡하든 얼버무린다. 마침내 대세가 정해지고 나면 그제야 주변에 찬성하는 의견을 말한다.

상사가 농담이라도 한마디 하면 제일 먼저 웃는 사람이 이런 유형의 사람들이다. 물론 그 농담이 재미있어서가 아니라 상사의 기분을 맞춰주기 위해 웃을 뿐이다. 이런 사람 중에는 농담을 제대로 이해하지 못한 채 웃을 때도 있다.

이런 사람이 자신의 의견을 말해야 하는 상황에 처하면 변명만 늘어놓는 경우가 많다. "나 같은 사람에게 그러한 큰일은 어렵다고 생각합니다만" 또는 "나 같은 사람의 의견을 말하는 것이 죄송스럽긴 한데" 하면서 서론이 필요 이상으로 길다. 본인은 겸손함을 나타내려는 의도일지 모르지만, 듣는 사람은 오히려 더 부담을 느낀다.

또 발언 도중에 상사에게 비판을 당하면 자신의 의견을 완전히 뒤집어 자신이 말하려 했던 것은 그런 것이 아니라며 말의 앞뒤를 맞추려고 한다. 그러다 보니 결국에는 그때까지 자신이 말했던 내용과 완전히 반대되는 의견을 제시하기도 한다. 그런데도 정작 본인은 그것에 대해 별 문제의식을 느끼지 못한다.

이들 중에는 부하직원 앞에서도 자기 의견을 조심하는 사람이 있는가 하면, 갑자기 돌변해 고압적인 태도로 나오는 사람도 있다. 후자는 상사에게 아부하고 부하직원에게는 큰소리치는 것으로 세상을 사는 완벽한 아첨꾼 타입으로, 상사에게 철저하게 아첨을 떨기 때문에 때로는 중요한 직책을 맡게 되기도 한다. 이런 타입의 사람이 중요한 자리에 있거나 출세하는 회사라면 서둘러 그 회사를 나오는 편이 좋을 것이다.

전자는 너무 자신감이 없어 보일 수 있다. 물론 후자보다는 전자가 사람들의 미움을 덜 받기는 하지만 어리석게 보인다는 점에서는 다를 것이 없다.

타인의 아첨 떠는 모습을 보는 것이 기분 좋은 일은 아니다. 그 같은 아부는 기본적으로는 아무런 효과도 없다. 아부했다고 해도 보통 결과가 좋은 것은 아니다. 따라서 너무 비난하지 말고 지켜보는 여유를 가지는 것도 괜찮지 않을까 싶다.

단, 상사가 사람 보는 안목이 없어서 아부하는 어리석은 사람을 중요한 자리에 앉히려 한다면 곤란하다. 그것도 그 사람이 부하직원에게 고압적인 사람이라면 회사가 잘될 리 없다. 중소기업의 독선적인 경영자 아래에 있는 중역들 가운데 이런 타입을 간혹 볼 수 있다. 그 경우에는 전직을 생각하는 것이 좋다. 망하지는 않는다고 해도 그런 회사의 미래는 없다.

혹시 내가 그런 사람일까?

앞으로는 자기 의견을 확실히 표현하는 자만이 살아남을 수 있다. 자신의 의견을 갖지 않고 상사에게 아첨만 해서는 성과주의 사회에서 살아남을 수 없다.

보는 눈이 있는 상사라면 그런 사람의 태도를 거북하게 여길 것이다. 당연히 신뢰도 하지 않고 반가워하지도 않는다는 것을 깨달아야 한다. 아첨이 능력이 될 수 없기 때문이다.

자신의 생각이나 의견에 자신감이 없기 때문에 아첨을 떠는 것일 수도 있다. 그러므로 자기 의견을 확실히 갖도록 노력해야 한다. 인터넷을 이용하면 익명으로 자신의 의견을 말할 수 있다. 만약 처음부터 자기 의견을 말하는 것에 저항을 느낀다면 블로그나 SNS 등 온라인 상에 글을 쓰는 연습을 하는 것도 괜찮다. 그렇게 점점 자신감을 길러서 타인 앞에서도 당당히 자신의 의견을 말할 수 있도록 해야 한다.

상사가 바라는 것도 정확한 조언을 하는 부하직원이지 아첨을 잘하는 부하직원은 아니다. 아첨하는 사람은 나중에 상사가 되는 것도 쉽지 않을 것이다.

감정을 통제하지 못해 감정 기복이 심하다

감정 기복이 심한 사람이 있다. 조금 비판 섞인 말을 들으면 얼굴색이 금세 바뀐다. 그리고 상대가 상사라 해도 "그게 무슨 말입니까", "그건 나에 대한 비판인가요?" 하고 서슴없이 덤벼든다. 물론 상대가 동료나 부하직원이라면 경우에 따라서는 사나운 표정이 된다.

물론 늘 기분이 나쁜 것은 아니다. 기분 좋을 때는 농담도 하고 다른 사람의 일도 기꺼이 도와준다. 그것이 언제나 똑같은 반응이라면 그나마 낫다. 이런 말에는 화를 내고 저런 말에는 기분 좋아한다면 대응하기 쉽다. 문제는 그날의 기분에 따라 반응이 달라진다는 데 있다. 상대는 똑같은 말을 하는데도 어떤 때는 화를 내고 어떤 때는 웃는다.

'지난번에 이렇게 말했더니 좋아하는 것 같던데 이번에도 괜찮겠지' 하고 말하면 갑자기 안색이 바뀌면서 화를 내기 시작한다. 반대로 화를 내겠지 싶어 주눅 들어 있으면 웃으며 받아넘긴다. 이런 식이라면 주위 사람들은 어떻게 대응해야 할지 알 수 없다.

이런 유형의 사람은 말을 하면서 점점 감정이 격해지곤 한다. 어떤 사람이든 술자리에서 한잔하다 보면 이렇게 되는 경향이 있지만 감정 기복이 심한 사람은 꼭 그렇지만도 않다. 술자리가 아닌데도 감정을 통제하지 못한다.

처음에는 꽤 냉정하게 이야기를 이어간다. 취미로 낚시를 했던 이야기를 꺼내는가 싶더니 지금은 죽고 없는 아내가 낚시하러 가는 자신에게 아무런 불평도 하지 않았던 일을 떠올리며 갑자기 눈물을 흘린다. 자신의 세계에 빠져든 것이다.

정도가 심한 경우에는 어릴 적 놀림받았던 일을 떠올리고 갑자기 우울해져 우는 사람도 있다. 그러면서 "그때는 학교 가는 것이 정말 고문 같았어…"라고 하소연한다. 듣는 사람에 따라 그 이야기에 공감할 수도 있다. 또 그 사람에게 호의를 갖고 있으면 감정이입이 될 수도 있을 것이다. 그러나 그렇지 않으면 대화 분위기가 완전히 깨져버린다.

더욱 난처한 것은 어떤 사람에게 실수한 것을 질책하다가 점점 정도가 심해지면서 정말로 화를 내는 경우다. 처음에는 "이번 자네 기획에는 실수가 많아" 하며 냉정하게 그 이유를 지적한다. 그다음에 "지난번에도 같은 실수를 했잖아"까지는 괜찮다. 그러다가 점차 화제에서 벗어나 "원래 자네는 태도가…" 하면서 그때부터 얼굴색이 달라진다. 엉뚱한 화풀이를 하는 식이 되어 "옷 입는 센스가 그게 뭐야", "요즘 나를 보는 눈빛이 왜 그래?" 하는 말까지 내뱉는다. 심지어 오래전 일로 거슬러 올라가서 "내가 자네를 처음 봤을 때는 말이야" 하며 묵은 감정까지 드러낸다.

결국 말을 하면서 자기 안에서 생각이 자가발전해 아드레날린이 방출된다. 스스로도 억제할 수 없을 만큼 흥분해서 화가 화를 낳는 상황이 된다.

그보다 더욱 난처한 것은 눈앞에 있는 사람이 아니라 외부 사람에 대해 화를 낼 경우다. 말하는 중에 거래처 담당자의 무례한 태도를 문제 삼기 시작한다. 처음에는 웃는 얼굴로 재미있게 이야기한다. 점차 몇 가지 무례한 태도를 열거하는 중에 흥분하고는 버럭 화를 낸다.

외부로 향해 있던 화가 점점 주위로 퍼진다. 결국 주변 사람에게 그 불똥이 튀는 것이다. 화를 내는 대상이 자신들이 아닌데도 눈치를 보고 사과해야 한다. 그런데 사과를 하면 "자네 그 녀석 편을 드는 거야" 하고 말한다. 그 상황에서 "거래처 담당자에게도 나름대로 할 말은 있을 거예요" 하고 말했다가는 큰일난다. 그럴 때 뭔가 신경에 거슬리는 일이 일어나기라도 하면 불에 기름을 붓는 격이 된다.

이런 사람의 감정을 진정시키기란 쉽지 않다. 직접 피해가 없다면 일정 시간 그의 감정 기복을 참고 지켜보는 것도 하나의 대처 방법이다. 이런 유형의 사람에게 악의는 없다. 일에 열심이고 나름대로 신념도 갖고 있다. 그러다가 지나치게 진지해지는 것이 문제다.

단, 지나치게 감정적이 되어 모두에게 불이익을 줄 경우에는 감정이 가라앉은 후 조용히 타이르는 등 조치를 취할 필요가 있다.

혹시 내가 그런 사람일까?

말을 하다 쉽게 감정적인 상태가 된다는 자각이 들면 우선 억지로라도 다른 사람의 이야기에 귀를 기울여보자. 다른 사람의 이야기를 가로막고 장황하게 자기 이야기를 늘어놓다 보면 점점 자기 세계로 빠져들게 된다. 따라서 혼자 길게 떠들지 않도록 주의하자. 그렇게 하면 어느 정도 객관성을 유지할 수 있다.

사소한 일에 화가 날 경우 자기만의 주문을 외우는 것도 좋다. 가령 내가 오래전에 했던 방법은 초조하거나 화가 나면 좋아하는 노래를 흥얼거리는 것이었다. 그렇게 하면 점차 마음이 진정되고 침착해졌다.

사적인 자리라면 너그럽게 봐줄 수도 있겠지만 직장에서 자주 감정적인 상태가 된다면 상사나 부하직원으로부터 외면당할 게 뻔하다. 공적인 자리에서는 각별히 주의할 필요가 있다.

융통성 없이 정론만 내세운다

아무도 불평하지 못하게 정론을 내세우는 사람이 있다.

여럿이 모여서 "가게에 갔는데 점원이 잘못 계산해서 거스름돈을 많이 받았다면 어떻게 할 거야?" 하는 주제로 이야기를 나눈다. 대부분 "잠자코 도망간다", "바로 알았다면 돈을 돌려주지만, 나중에 알았다면 그냥 둔다", "점원이 착해 보이면 사실대로 얘기한다" 하고 말한다.

그 자리에 정론만 내세우는 유형의 사람이 있다면 그는 단호하게 "어떤 일이 있어도 돌려줘야 한다"고 주장할 것이다. 거기서 끝나면 그나마 다행인데, 때로는 부도덕한 동료에게 한바탕 설교를 하기도 한다.

몇몇이 모여서 미운털이 박힌 사람의 험담을 하고 있다. 그에게 이런 일을 당했다, 그가 이런 말을 했다더라 하는 소문을 이야기하고 있는데 그 자리에 설교자가 나타나 "남의 험담을 하는 건 인간의 도리가 아닙니다" 하고 말한다.

이런 사람이 자주 하는 말은 "사람은 서로 도와야 한다", "이기적인 인간이 되어서는 안 된다", "평등한 사회를 위해 가진 사람은 못 가진 사람을 도와야 한다", "모든 인류가 세계 전쟁을 종식시키기 위해 하나가 되어야 한다", "사회인으로 살고 있는 이상 서로 도울 필요가 있다", "사회적 약자를 위해서는 공동 책임을 져야 한다", "봉사 활동을 통해 서로 도와야 한다" 등이다.

그들이 가장 싫어하는 사람은 부정과 부패를 일삼는 정치가다. 종종 정치적 발언을 할 때도 그 내용은 대개의 경우 서민을 생각하지 않고 자기 배를 채우고 자기 자리를 지키려는 정치가나 공무원에 대한 비판이다. 그리고 부정을 저지른 사람에 대해서는 "그런 짓을 하다니 믿어지지 않는다", "그런 사람은 도저히 용서할 수 없다"라고 단죄한다.

물론 이 사람의 말은 모두 옳다. 반론하려면 전 인류를 적으로 만드는 것이 될 것이다. 그래서 아무도 반론하지 않는다. 그러나 속으로는 강한 저항을 느낀다.

이런 유형의 사람은 자신이 청렴결백하다고 믿고 있다. 자신만은 어떤 일이 있어도 범죄를 저지르지 않고 선량한 시민으로 살아갈 것이라고 확신한다. 문제는 그런 생각을 주변 사람에게 강요하고, 주변 사람이 약한 모습을 보이는 것을 용서하지 않는 데 있다.

물론 청렴결백한 태도를 가진 사람도 필요하다. 이런 사람이 있기 때문에 사회가 건전해지고 사회의 순기능이 가능한 것이다. 만약 국민 대부분이 정직한 마음을 잃고 욕망에 사로잡혀 거짓과 유혹에 넘어가고 부정을 용서한다면 그 사회는 타락한 사회가 되고 말 것이다. 이렇게 올바른 사고방식을 가진 사람들이 있기 때문에 그나마 사회가 유지되는 것이다.

그러나 그 사람이 가진 단점은 인간의 나약함을 너무 모른다는 것이다. 인간은 나약한 존재여서 곧잘 욕망에 지고 만다. 물론 그래서는 안 된다는 것을 알지만 지는 사람이 많다. 그것을 알기 때문에 인간이 올바르게 살 수 있도록 사회제도가 생기고 법도 만들어지는 것이다.

인간에게는 추하고 악한 면과 유혹에 넘어가는 나약함이 있다는 것을 인정하고, 그런 후에 청렴결백해야만 지적이고 도덕적인 삶을 살 수 있다. 그것을 모르는 것은 어리석다고밖에 할 수 없다.

만약 그런 사람이 정말로 서로 돕는 사회를 만들기 위해 봉사활동도 하고 기부도 하면서 착실히 노력하고 있다면 그것이야말로 존경받을 만하다. 그러나 행동은 그렇지 않으면서 입으로만 번지르르하게 말하는 사람이라면 다른 사람 앞에서 설교할

자격이 없다. 다른 사람과 다를 것이 없기 때문이다. 오히려 다른 사람보다 더 어리석다고 할 수 있다.

그런 유형의 사람은 정직함에 대해 자부심을 갖고 있다. 그래서 섣불리 대응하면 더욱 더 "나만큼은 그런 짓 하지 않는다"고 단호하게 주장할 것이다. 따라서 그런 사람과 맞서는 것은 곤란하다.

오히려 그의 청렴결백한 성격을 충분히 펼칠 수 있도록 기회를 주는 것이 좋다. 너무나 중요하지만 아무도 선뜻 하려고 하지 않는 일을 그 사람에게 맡기는 것이다. 그는 책임감을 가지고 완벽하게 실행해낼 것이다. 만약 자신에게 일이 맡겨진 것을 불쾌하게 생각하는 사람이라면 그는 실행하지 않으면서 말만 앞서는 사람임이 증명되는 셈이다.

혹시 내가 그런 사람일까?

우선 자신도 다른 사람과 똑같이 평범하고 유혹에 지기 쉬운 인간이라는 것을 자각해야 한다. 지금 그런 상황에 처하지 않았다는 것은 운이 좋은 것에 불과하다. 만약 그렇지 않았다면 불건전한 생활을 하고 있을 것이다. 그렇게 되면 유혹에 지는 것이다.

사람이 상황에 따라 악을 저지를 수도 있다는 것을 알기 위해서는 우선 소설을 읽어보는 것이 좋다. 세계적인 대문호 도스토옙스키의 명작부터 애거서 크리스티의 추리소설까지 고루 읽어보면 인간이 얼마나 약하고, 또 쉽게 악을 저지르는 존재인지 이해할 수 있을 것이다.

그것을 확실히 인식하면 겉만 번지르르한 말은 할 수 없게 된다. 자신의 문제를 깨달은 상태에서 현실을 인식해야 주변에서도 어리석은 인간으로 보지 않을 것이다.

한물간 유행어로 분위기를 망친다

이미 인기가 시들해진 유행어나 누구나 다 아는 뻔한 말만 하는 사람이 있다. 젊은 사람 중에도 이런 유형의 사람이 있지만 주로 중장년층에 많다.

이런 유형의 사람이 젊은 층의 최신 패션과 소재를 다루는 트렌디 드라마 이야기에 끼게 되면 시대에 뒤떨어진 뻔한 말만 떠벌인다. 드라마에 대한 재미있는 감상을 말하거나 그것에 자극받아 생각이 새로워지는 모습은 전혀 볼 수 없다.

취업 성공 비결을 말할 때도 뻔한 말만 하는 사람은 핵심 내용을 말하는 대신 "결과보다 과정을 중시해라" "실패해도 절대 포기하지 마라" 같은 다른 사람이 몇 백 번은 들어서 이미 알고 있을 법한 말만 반복한다.

그뿐만이 아니다. 이런 유형의 사람은 자기가 알게 된 유행어를 말하고 싶어한다. 그런데 그 유행어란 것이 시대에 뒤떨어지고 상황에도 맞지 않을 때가 많다.

이런 사람의 장기는 한물간 유행어로 주변 분위기 썰렁하게 만들기다. 센스가 없어서 고리타분한 너스레를 떨거나 아무도 못 말릴 썰렁한 개그를 연발한다.

이런 유형의 사람은 최근 유행어에 민감하지 못하다. 코미디도 한창 화제가 되어 세간에 오르내리고 있는 개그보다 오래전 만담을 더 좋아한다. 그러면서 "옛날 개그맨은 웃기는 재능이 많았는데 요즘에는 그런 개그맨이 드물어"라고 말한다.

"옛날이 좋았다"라는 것이 이런 사람의 기본 대화 패턴이다. "옛날 사람은 기개를 갖고 있었다", "옛날 사람은 개성이 있었는데 요즘에는 모두 똑같다" 하고 반복해 말한다.

또 이런 유형의 사람은 어이없는 말로 사람을 난처하게 만드는 재주가 있다.

오후 6시가 되어 슬슬 퇴근하려는 사람이 있으면 "어, 오늘 데이트야? 좋겠네, 젊은 사람은…" 하고 말한다. 피곤해하는 사람이 있으면 "뭐야, 잠 안 자고 뭐했어? 힘 좀 쓴 거야?" 하는 어이없는 농담을 한다. 요즘 같으면 언어적 성희롱에 해당하는 위험한 말을 아무렇지도 않게 내뱉는다. 또 누가 해외여행을 간다고 하면 "해외여행이라니 지금이 어느 땐데? 너무 사치스러운 것 아냐" 하고 말하고 누가 문학책을 읽으면 "고상한 책을 읽네. 일류대 출신은 달라" 하고 말한다.

오랜만에 만난 사람에게는 딱히 할 말이 없는데도 "조금 마른 것 아냐?" 또는 "너무 찐 것 아냐?" 하는 식으로 상대의 신체를 평가한다. 이런 사람은 모든 것에 말참견을 하지만 정작 알맹이는 없다. 차라리 아무 말도 안 하는 것이 훨씬 나을 때도 있다.

이런 사람은 존재감이 없기 때문에 그다지 주위의 눈총을 받지는 않는다. 있어도 없는 것과 같은 존재로 인식될 때가 많다. 그러나 대부분은 흔한 말만 하는 태도에 싫증을 낸다. 결국 그는 어리석은 사람으로 가볍게 취급당하는 신세가 된다.

이런 태도를 고치려면 다소 시간이 걸리는데, 그가 우스갯소리를 하면 그것이 얼마나 흔한 것인지, 얼마나 재미없는 것인지를 깨닫도록 해줘야 한다.

만약 상사가 아니라면 분명하게 "재미없다"고 말하는 것도 좋을 것이다. 또는 "또 똑같은 대사야" 하고 관심 없다는 의사를 분명히 밝힌다. 그렇게 계속하면 아무리 눈치 없는 사람이라도 자신의 어리석음을 깨달을 것이다.

그런데 만약 그 사람이 상사일 경우 직접적인 피해를 주는 것이 아니라면 이런 사람의 언동을 관찰해 흔한 말투가 어떤 것인지 반면교사로 삼아도 좋다. 나중에 자신이 상사가 되면 이런 식의 말은 하지 말자고 결심하는 것이다.

혹시 내가 그런 사람일까?

이런 유형의 사람이 영업이나 마케팅 같은 대외적인 업무를 하게 될 경우 본인이 주의하지 않으면 생각지도 못한 결과를 부를 수도 있다. 거래처 담당자와 한창 상품 판매에 대한 이야기를 하는 중에 진부한 우스갯소리나 시대에 뒤떨어진 유행어를 섞어 말하면 그에게 뭔가 모자란 사람 취급을 당할 수도 있다. 중요한 사안에 대해 같이 의논할 상대가 못 된다는 인상을 줄 게 뻔하다. 결국 거래가 제대로 이뤄질 수 없다.

이런 유형의 사람이 자각하도록 하기 위해서는 역시 주변 사람들이 지적하고 비판해주는 것이 최선이다. 부하직원이 그런 사람이라면 완곡하게 "그 개그 조금 오래되지 않았어?" 하고 말해줄 필요가 있다.

동료라면 본인이 쉽게 눈치채지 못하는 만큼 그를 위해서도 좀더 분명하게 지적해주는 것이 좋다. "최근 트렌드에 대해 좀더 공부하는 게 좋겠어" 혹은 "자기 생각을 농담으로 표현하지 말고 진지하고 분명한 태도로 말하는 것이 좋아"라고 조언해준다.

만약 본인이 그런 사람이라면 생각난 것을 바로 말하지 않도록 노력해보자. 또 이미 한 번 내뱉은 말은 다시 한 번 반추해보는 것이 좋다. 그렇게 하면 똑같은 말을 되풀이하지 않게 될 것이다.

뻔한 말을 하는 것은 자기 생각이 없다는 뜻이다. 좀더 깊고 넓게 생각하는 습관을 기르려고 노력해야 한다. 전문 분야의 책이나 고전 및 교양서 등을 많이 읽고 생각하는 힘을 키우도록 하자.

투덜거리기만 해서
무엇을 말하려는지 알 수 없다

투덜거리기만 해서 대체 무엇을 말하고 싶은 것인지 알 수 없는 사람이 있다. 이런 사람은 말을 길게 하는 경향이 있다. 들으면서 부분적으로는 이해가 가는데 다 듣고 난 뒤에는 무엇을 말하고자 하는지 이해가 되지 않는다.

이런 타입의 사람은 직장에서 흔히 볼 수 있는데, 대화를 할 때도 구체적으로 말하지 않는 탓에 상대가 대화 내용을 파악하기 어려워한다.

"나는 자네 생각에 반대야" 하고 분명하게 말하지 않고 빙빙 돌려서 말한다. 그러다가 "자네, 내 생각에 반대인가?" 하고 물으면 "아니, 그건 아니야"라고 대답한다. 그러고는 이것저것 애매한 말을 꺼낸다.

물론 직설적으로 말하는 것을 무례하다고 여기는 사회 분위기에서는 이렇게 에둘러 하는 말에 대해 '이 사람은 반대의견을 갖고 있구나'라고 눈치껏 이해할 필요가 있다. 그것을 알아듣지 못했다면 이해 능력이 부족한 것으로 여긴다.

그러나 듣는 사람이 이해하지 못할 정도로 '예스'나 '노'를 분명히 말하지 않은 것은 문제가 있다.

이런 사람의 첫 번째 특징은 변명이 많다는 점이다. 상대를 배려한답시고 분명하게 말하지 않고 "기분 나쁠지도 모르지만, 우리도 여러 가지 생각을 해봤는데" 하고 서론을 장황하게 늘어놓는다. 단도직입적으로 말하지 않기에 말할 때마다 논점에서 벗어나 더욱 이해할 수 없는 이야기가 된다.

두 번째 특징은 구체적인 예로 이야기를 시작해 그 예에 질질 끌려가다 결국 알 수 없는 결론을 내린다는 점이다.

'어제 이런 일이 있었다. 그래서 나는 이렇게 생각한다' 하는 식으로 말하려 했을 것이다. 그런데 "이런 일이 있었다" 하고 말하는 중에 점점 핵심에서 벗어나 군더더기 많아지거나, 본론과는 관계없는 등장인물이 나오고 그 사람을 설명하다 보니 말하는 본인도 무엇을 말하려 했던 건지 알 수 없게 되고 만다. 원래 말하려던 것과 다른 방향의 결론이 나버리기도 한다.

반대인 경우도 있다. '나는 이렇게 생각한다. 그 증거로 어제 이런 일이 있었다' 하고 말하는 경우다. 처음에 자신의 생각을 정리하고 있는 만큼 이 편이 전자에 비해 듣는 사람도 이해하기 쉽다. 그런데 어제 있었던 이야기가 시작된 순간 그 이야기가 '왜 이렇게 생각하는지'와 어떻게 이어지는지 알 수 없게 된다. 점점 다른 방향으로 흘러 이 역시 흐지부지되어 버린다.

또 미팅 시간과 장소만 짧게 전달할 경우 "내일 오후 2시에 미팅을 했으면 하니 회사로 와달라"고 말하면 될 것을 처음에 근황 보고 등 이런저런 이야기를 하다가 정작 중요한 미팅 이야기는 잊어버리는 사람도 있다. 마지막에 듣고 있던 사람이 물으면 그제야 비로소 말하려 했던 것을 기억해낸다.

예스나 노가 분명해야만 지적인 대화가 가능하다. 그것이 애매하면 논점이 흐려져 이야기의 초점을 맞출 수 없다. 물론 얼굴을 보고 "아니요"라고 말하기란 쉽지 않다. 하지만 그렇다고 해도 자기 생각을 상대에게 명확히 전하는 것이 현명한 태도다. 그것이 애매한 상태에서는 이야기의 결론이 나지 않고 혼란만 일어날 뿐이다.

이야기의 초점을 못 잡는 사람에게는 중요한 흐름을 잊지 않도록 옆에서 조언해주는 것도 좋은 방법이다. "그런데 조금 전의 그 이야기, 어떻게 됐어?" 하고 물어서 주제를 떠올려주는 것이다. "…라고 말하려 했던 것 아냐?" 하는 식으로 묻는 것도 좋다. 본인이 말하고 싶은 것을 말할 수 있도록 해주는 것이다.

혹시 내가 그런 사람일까?

이런 유형의 사람은 자신이 말하고 싶은 것을 명확히 하지 않은 채 이야기를 시작한다. 이야기를 한다는 것, 특히 업무에 관련된 이야기를 할 때는 상대에게 전하고 싶은 메시지가 있을 것이다. 그것을 스스로 분명히 정해놓아야 한다. 그리고 분명하게 생각을 전하기 위해서는 말하고 싶은 것을 먼저 말하는 것이 좋다.

"나는 이렇게 생각한다. 그 이유는…" 하고 이야기를 시작하는 것이다. 그렇게 하면 도중에 이야기가 흐지부지되는 일은 없다. 물론 그런 식으로 이야기를 하면 경우에 따라서는 분위기가 거칠어질지도 모른다.

"이번에 자네가 한 일은 실패야" 하고 갑자기 말하면 상대는 감정이 상할 것이다. 이런 상황을 피하기 위해서는 "일을 잘해주었지만 아무래도 한 가지 문제가 있어서" 하는 식의 화법이 필요하다. 이렇게 사전에 운을 띄우는 것과 말하고 싶은 것을 애매하게 하는 것과는 완전히 다르다. 다만, 운을 띄우려고 시작한 말에 너무 끌려가지 않도록 주의해야 한다.

어떤 화제든
늘 똑같은 이야기로 끌고 간다

어떤 이야기를 하든지 늘 같은 이야기로 끌고 가는 사람이 있다. 이런 유형의 사람은 대화의 진정한 뜻을 알지 못하는 어리석은 사람이다.

회사 휴게실에 몇몇이 모여 업무 이야기, TV 드라마 이야기, 동료에 대한 소문 이야기로 웃고 떠든다. 그런데 이런 유형의 사람이 그 자리에 있으면 이야기 주제가 언제나 예전에 자신이 겪은 고생담으로 흘러간다.

또는 가족 자랑이나 실수담 같은 자기 가족 이야기를 불쑥 꺼내는 사람도 있다. 어느새 "그건 그렇고 이런 일이 있었어" 하고 말을 꺼내어 자신이 화제의 중심을 차지하는 때도 있다. 때로는 주위 사람 누구도 눈치채지 못하는 눈 깜짝할 사이에 이야기 주제가 달라지기도 한다.

개중에는 과거의 성공담을 늘어놓는 사람도 있다. “옛날에 내가 날렸던 때가 있었지. 어디서든 친구가 많아서 공짜 술을 마셨어”, “나 때는 말이야. 외제 차를 두 대나 몰고 다니며 놀았어” 하고 스스로 흡족해하며 옛날 이야기를 시작한다.

이것이 이야기를 나누는 사람들과 공통된 경험이라면 괜찮다. 그들도 함께 좋았던 과거를 기억하고 즐거워할 수 있을 것이다. 그러나 그렇지 않다면 주변의 반응은 시들해질 게 뻔하다.

여성들 중에는 무슨 이야기든 시어머니나 며느리의 험담으로 변하는 사람이 있다. 처음에는 TV 드라마 이야기를 한다. 그러다가 “그 드라마를 보면 우리 시어머니 생각이 나요” 하고 말하거나 “요즘 우리 집에서도 같은 일이 있었어요” 하고 말을 꺼내 결국 시어머니의 험담으로 연결된다.

상대방도 시어머니에 대해 불만이 있는 상태라면 함께 공감할 수도 있을 것이다. 이렇게 같은 적에 대한 험담은 동지의식을 높이는 데 효과적인 수단이다. 누구와 친해지고 싶다면 그 사람이 누구를 미워하는지 알아내어 공통의 적을 험담하면 된다. 그렇지 않다면 다른 사람의 험담 이야기는 듣고 싶지 않을 것이다. 그런데도 험담을 계속하는 것은 어리석다고 할 수밖에 없다.

직장인의 경우에도 술자리에서 상사의 험담을 안주 삼아 분위기가 화기애애해지는 것은 그들에게 있어 상사가 공통의 적이기 때문이다. 만약 상사에 대한 견해가 다르다면 상사를 높게 평가하는 쪽은 그 상사의 험담을 들으면 기분이 좋지는 않을 것이기 때문에 주의해야 한다.

또 하나, 특히 직장 여성에게서 많이 볼 수 있는데, 자신이 승진하지 못하는 원인을 무조건 여성이 차별받고 있기 때문이라고 결론 내리는 사람이 있다.

물론 그런 요인도 있을 것이다. 남성 중심 사회이기 때문에 다양한 문제가 일어나고 있는 것도 사실이다. 어쩌면 그것이 사회 현상일지도 모른다. 그러나 모든 현상의 원인을 단 하나에서 찾는 것은 잘못된 판단이다.

남자에게도 그런 타입이 있다. 자신이 이렇게 열심히 일하는데도 인정받지 못하는 것은 "○○부장 눈에 들지 못했기 때문"이고 자신이 출세하지 못하는 것은 "우리 회사는 ○○대학 출신이 아니면 출세할 수 없기 때문"이라는 말을 술자리만 가면 되풀이한다.

분명 그런 측면이 있고 본인에게는 늘 신경 쓰이는 부분일 수도 있다. 그러나 그 이야기를 듣는 쪽은 참기 어려울 수 있다. 그래서는 함께 술을 마시며 푸념을 들어줄 사람을 더 이상 찾기 힘들다.

그런 사람이 늘 같은 이야기로 화제를 돌릴 조짐이 보이면

"그 이야기는 벌써 들었어요" 하고 한마디하면 된다. 그것으로 이야기가 끝날 것 같지 않으면 좀더 분명하게 "그런 이야기는 더 이상 듣고 싶지 않다", "늘 같은 이야기만 하는 것은 상대에 대한 예의가 아니다" 하고 말해서 자신에게 어떤 문제가 있는지 깨닫게 해야 한다.

농담처럼 돌려서 말해도 어느 정도 효과가 있다. 만약 그래도 효과가 없다면 그 사람이 이야기를 시작하면 모두 서둘러 자리를 떠버리거나 말을 막아 화제를 다른 쪽으로 돌리는 방법도 있다.

혹시 내가 그런 사람일까?

만약 내가 이런 유형이라면 가장 간단한 해결책은 다른 사람이 의견이나 감상을 물어오기 전까지 말하지 않는 것이다. 이야기를 시작하면 결국 관심 있는 것을 말하게 되고, 늘 하던 이야기가 되어버리는 것을 스스로 알고 미리 조심하는 것이다. 하고 싶은 말이 있더라도 참고 먼저 말을 꺼내지 말아보자.

그렇다고 계속 침묵을 지키고 있을 수는 없다. 이야기가 늘 같은 식이 된다는 것은 화제가 빈약하다는 뜻이다. 따라서 화제의 범위를 좀더 넓히는 것이 좋다.

교양을 쌓고, 다른 분야에도 관심을 가지면 관심 분야가 넓어진다. 주위 사람의 화제에도 관심을 갖고 대화할 수 있게 된다. 새로운 취미를 갖거나 재미있는 책을 읽는 것도 도움이 된다.

그렇게 하면 이전과 똑같은 이야기가 되더라도 좀더 주위를 감동시키는 의견을 말할 수 있게 될 것이다.

차별 의식을 말로 표현한다

누구나 평등하다는 것은 민주주의 사회의 기본 원칙이다. 물론 인간의 속성이 타인보다 우월감을 가지고 자존심을 지키려는 면도 있다. 인간의 내면 깊숙한 곳에는 사람들에 대한 차별 의식이 존재한다. 그런 의미에서 차별은 사라지지 않을지도 모른다. 지금까지의 차별은 없어져도 다른 형태의 차별이 생길 수도 있다.

그렇다고 해도 차별 의식을 당연한 듯이 겉으로 표현하는 것은 가장 비열하고 어리석은 짓이다. 물론 현대사회에서는 많은 사람 앞에서 드러내놓고 차별적인 말을 하는 사람은 거의 없다. 대개의 경우 자신은 차별하지 않는다고 확신하지만 은연중에 차별적인 말을 하게 된다.

그런 사람들은 종종 "○○인 주제에…" 하는 말을 쓴다. 그리고 어느 특정한 사람들을 자기보다 열등한 존재로 취급하려 한다. 그렇게 해서 여성을 비롯해 민족성, 성적(性的) 기호, 이혼 유무, 질병 여부, 신체적 특징 등이 차별의 대상이 되어왔다.

이런 유형의 사람들은 "차별할 생각은 없지만…" 하고 덧붙이는 것을 잊지 않는데, 그것이야말로 차별하는 것이라는 사실을 모른다. 심지어 있는 말 없는 말을 섞어 과장되게 이야기한다. 사람에 따라서는 아무도 듣고 있지 않는데도 갑자기 소리를 죽여 말할 때도 있다.

의미 없이 소리를 낮추는 것은 말하는 바가 비밀이거나 말하는 대상에 대해 떳떳하지 못할 때 취하는 행동이다.

또 이런 유형의 사람들은 "차별하는 것은 아니지만 저 사람들은 보통 사람들과는 다르다"라고 말한다. 아니 때로는 "저 사람들도 우리와 똑같은 인간이다"라고 강조하기도 하는데 그러면서 은연중에 차별할 때도 있다.

언젠가 한 신문에서 놀랄 만한 글을 읽은 적이 있다. 동남아시아 출신 노동자가 증가하고 있던 시기였다. 글쓴이는 중소기업의 사장이었던 것으로 기억한다. 그는 "나는 동남아시아에서 온 노동자를 여럿 두고 있다. 그리고 국내 노동자와 똑같이 그들을 사랑으로 대해준다. 그 증거로 그들에게 일식이, 이식이, 삼식이, 사식이…라는 이름을 붙여준다"라고 말했다. 그는 그것이 자못 차별이 아닌 양 말했지만, 말할 것도 없이 그것은 차별의 전형적인 형태다. 동남아시아인에게는 각자 자기 이름이 있다. 한국식 이름을 붙여주는 것으로 '한국인 대접을 해줬다'는 것은 자기만의 착각이 아닐까. 그리고 그 사실을 깨닫지 못하는 것은 완고한 차별 의식을 갖고 있다는 반증이다.

또한 피차별자를 마치 천사처럼 마음 착한 사람이라고 여기는 것도 또다른 차별 가운데 하나다. 물론 지적 장애를 가진 사람 중에는 천사 같은 사람이 있을 것이다. 오에 겐자부로의 아들 오에 히카리(중증 지적 장애인으로 태어났으나 장애를 극복하고 음악가로 성공했다)가 작곡한 음악은 듣기만 해도 그가 천사 같은 순수한 마음을 지닌 사람이라는 것을 알 수 있다. 악의라고는 조금도 없는, 마음을 맑게 해주는 음악이다. 그런데 장애인이기 때문에 천사 같은 마음을 가진 특별한 사람일 것이라고 여기는 것은 일종의 차별이다.

장애가 있는 사람과 장애가 없는 사람, 차별받는 사람과 차별받지 않는 사람, 사귀기 쉬운 사람과 그렇지 못한 사람, 보면 기분이 좋아지는 사람과 불편해지는 사람 등 세상에는 다양한 사람들이 존재한다. 차별이란 어떤 유형의 사람들을 '특별한 사람들', '자신과 다른 사람들'이라고 여기는 것이다.

차별한다는 것은 편협한 사고를 의미한다. 바꿔 말하면 다양한 가치관을 인정하지 못하는 것이다.

이런 유형의 사람에게는 "그것은 차별이다" 하고 분명하게 말해야 한다. 혹은 좋은 방법은 아니지만 차별당하는 것이 얼마나 고통스러운 것인지 가르쳐주기 위해 때로 그 사람을 한 번쯤 차별해보는 것도 한 방법일 수 있다.

혹시 내가 그런 사람일까?

'저 사람들은 우리와 다르다'는 발상 자체가 차별이라는 것을 알아야 한다. 차별은 사실 차별당하는 사람들을 잘 알지 못하고 이해하지 못하는 상황에서 일어난다. 어중간하게 알되 표면만 보고 자신과 다른 점을 강조하면서 '저 사람들은 다르다' 하고 생각하는 것이다.

사람을 개인이 아닌 집단으로 일반화거나 표면적인 특징만으로 판단하고 규정하는 차별 의식은 반드시 사라져야 한다.

PART 4

자칫하면 만만하게 보일 수 있는 답답한 대화습관

만만하게 보이는 데는 이유가 있다

1장에서 3장까지는 같은 직장에 있으면 피해를 입거나 결혼하면 힘들 것으로 생각되는 유형의 사람들을 예로 들어 설명했다.
4장에서는 남에게 피해를 주지는 않지만 '자칫 잘못하면 만만하게 보일 수 있는 대화습관'을 가진 사람들의 예를 다룬다.
때론 적당한 어리숙함과 어리석음이 애교로 보이는 경우도 있다. 단, 그것이 귀엽게 받아들여지는 것도 한때라는 것을 잊어서는 안 된다. 나이가 20대 중반이거나 적어도 30대 이상이라면 더 이상 애교로 봐주지 않는다. 그 사람이 가지고 있는 실제 능력과는 상관없이 어리석고 만만한 사람으로 여겨질 수 있으니 조심해야 한다.
주변에 이런 사람이 있으면 가볍게 웃어넘길 수 있겠지만 만약 자신에게 이런 경향이 있다고 생각되면 서둘러 고치는 것이 좋다. 직장에서도 친구들 사이에서도 만만한 존재가 될 수 있으니 말이다

다른 사람의 생각을
비판 없이 받아들인다

남을 의심하지 않고 다른 사람의 말을 전부 믿는 것은, 어릴 때부터 좋은 환경에서 자라고 마음이 선량하다는 증거일 수 있다. 반면, 의심이 많아 사람을 잘 안 믿는 것은 남에게 속은 경험이 많거나 그가 선량하지 않다는 의미이기도 하다. 그런 사람들은 매사에 남을 의심하고 시기심에 괴로워한다.

단순하게 좋은 환경에서 자란 선량한 인간처럼 보이고 싶다면 사람의 말을 무조건 믿으면 된다. 그렇게 하면 "저 사람은 순진하고 착하다"는 평가를 받을 것이다.

그러나 결코 지적인 사람으로는 보이지 않는다. 대신 "저 사람은 좋은 환경에서 자라서 선량하지만 너무 순진한 것 아냐?" 하는 지적을 받게 된다.

의심이라는 것을 모르고 사람의 말을 그대로 믿어버리는 것은 단적으로 말해서 스스로 상황 판단을 잘 못한다는 의미다. 바꿔 말하면 어리석다는 얘기다. 이런 유형의 사람이 가장 잘 믿는 것은 점쟁이의 말이다. 혈액형, 별자리, 풍수, 사주, 작명 등 다양한 점들이 판치는 세상에서 의심할 줄 모르는 사람은 무슨 말이든지 곧이곧대로 믿어버린다. 또 사람을 만나면 맨 먼저 "혈액형이 어떻게 돼요?" 하고 묻는다.

점이라는 것은 어디까지나 통계로서 참고할 뿐이지 그것을 전적으로 믿으면 곤란하다. 특히 혈액형의 경우 다양한 인간을 고작 네 가지 유형으로 나눠 그 성격과 장래를 결정론적으로 말하는 것이기 때문에 사람을 판단하는 기준이 될 수 없다.

최근 사람의 성격을 16가지 유형으로 분류하는 'MBTI'가 유행하고 있지만 그것도 정확하다고 장담할 수 없다. 같은 사람이 시차를 두고 검사했을 때 다른 결과가 나오는 경우가 드물지 않기 때문이다. 이렇게 혈액형이나 정해진 성격 유형으로 사람을 획일화해서 판단하는 것은 상당히 위험하다.

게다가 인간이란 복잡한 존재이고 다양한 면이 있기 때문에 어떤 때는 그 성격 유형에 맞아떨어지기도 하고 완전히 다를 수도 있다. 냉정한 인간도 부드러운 면이 있는 것처럼 사람 사귀는 것에 서툰 나도 때로는 사교적인 태도를 보일 때가 있다. 그런데 선량한 사람은 그런 점쟁이의 말을 통째로 믿어버린다.

이런 유형의 사람은 현실성이 전혀 없는 유령 이야기가 사실이라고 믿거나 아무리 봐도 합성이 의심되는 UFO 사진을 보고도 UFO가 있다고 믿는다.

그뿐만 아니라 '항아리를 사면 행복해진다'라는 다단계 상술까지 그대로 믿는다. 만약 항아리를 샀는데도 행복해지지 않았다면 '항아리를 샀기 때문에 이 정도로 끝난 것'이라고 생각하고 스스로 위로한다.

언론이나 방송 등의 대중매체에서 볼 수 있는 '편견'이나 '조작'도 그 이면을 고려하지 않은 채 그대로 받아들인다.

또 친구들이 이야기하는 자랑이나 험담도 그대로 믿는다. 누가 "○○○가 네 험담을 했어" 하고 말하면 곧이곧대로 그 말을 믿고 그 사람을 미워한다. 그리고 얼마 후에 험담을 했다는 사람을 만났을 때 그 사람이 "난 그런 말 하지 않았어"라고 하면 또 순진하게 그 말을 믿고 후회한다.

성격이 좋다고 하기에는 지나치게 쑥맥 같고 오히려 '만만한 사람', '다루기 쉬운 사람', '얼마든지 속일 수 있는 사람' 취급을 당하기 십상인데, 정작 본인은 그것을 알아채지 못한다. 그리고 그런 사람은 자신이 선량해서 모두 자기를 좋아한다고 믿고 그것을 자랑으로 여긴다.

무엇이든지 잘 믿는 사람의 마음을 고치기란 쉽지 않다. 이럴 땐 일부러 선의의 거짓말을 해서 쉽게 믿는 것의 단점을 자각시

켜주는 방법을 써볼 수 있다.

무엇이든지 잘 믿는 사람을 이용해서 정보를 얻으려고 하면 간단히 얻을 수 있다. 범죄의 대상이 될 소지가 충분하다는 얘기다. 악의를 품은 누군가에게 속아 넘어가서 언제 어디서 중요한 정보를 술술 얘기할지 알 수 없다. 그래서 중요한 일을 결정하거나 비밀을 유지해야 하는 상황이라면 무엇이든 잘 믿는 사람은 제외시키는 것이 현명하다.

혹시 내가 그런 사람일까?

무조건 남의 말을 믿는 사람보다는 의심을 갖는 사람이 신뢰받는다는 것을 알아야 한다. 의심을 모르는 사람은 오히려 아무도 신용하지 않는다. 쉽게 남의 말에 넘어가 자기의 생각이 흔들리기 때문이다.

게다가 쉽게 속기 때문에 상대방이 정직한 사람인지 거짓말쟁인지도 구별하지 못한다.

마음이 좋은 사람은 주위 사람을 난처하게 만드는 경향이 있다. 그것을 자각한다면 한 번쯤 자기에게 닥친 사안에 대해 의심해보는 자세가 필요하다.

의심하는 것으로 무엇이 진실이고 무엇이 거짓인지를 가릴 수 있게 된다. 그렇게 하면 남에게 속지 않고 자신의 지성으로 진실을 발견할 수 있게 된다.

그러나 어지간히 따끔한 맛을 보기 전에는 쉽게 사람을 믿어버리는 순진한 버릇을 고치기란 쉽지 않다. 아직까지 사람의 말을 쉽게 믿는 바람에 크게 낭패를 당해본 적이 없는 사람은 운이 좋은 사람이다. 이런 사람은 가능한 교우관계를 엄선하는 것이 좋다.

쉽게 감동해
자주 눈물을 보인다

쉽게 감동하는 사람이 있다. 같이 앉아 TV를 시청하다 보면 옆에서 훌쩍대며 우는 사람이 있다. 왜 이 장면에서 우는지 잘 이해가 되지 않지만, 아무튼 그 사람에게는 눈물을 흘릴 만한 대목인 것이다.

이런 유형의 사람은 어려운 환경에서도 열심히 살려고 노력한다거나 병으로 고통스러워하면서도 씩씩하게 살아가려 안간힘을 쓴다거나 젊은 나이에 자녀를 남겨두고 죽는다거나 자신은 쓸모없는 인간이라고 생각했는데 생각을 바꿔서 성공했다거나 하는 대목에서 의외로 약하다.

쉽게 감동하는 사람은 그 정도에서 끝나는 것이 아니다. 누군가 자기 일에 최선을 다하거나 어린 아이가 무언가를 열심히 하거나 평소 내성적인 사람이 필사적으로 남을 웃기려 하는 것에도 감동해서 눈물을 흘린다. 축구 선수가 열심히 연습하는 모습도 이런 유형의 사람들에게는 감동의 대상이다. 어디 그뿐인가. 땀을 흘리며 응원하는 사람에게도 감격한다.

이런 유형의 사람이 우는 것은 반드시 그 대상에 대해 깊이 이해했기 때문만은 아니다. 축구를 제대로 몰라도 감동하는 데는 전혀 지장이 없다. 드라마를 보기 시작해 몇 분 지나지 않아서 슬픈 장면이 나오면 대개 자동으로 눈물을 흘린다.

그리고 "그거 봤어? 대단하지 않아?" 하며 다른 사람과 감동을 나누려고 한다. 감동을 자기 혼자 담아두지 못하고 지인에게 전화를 할 때도 있다. 물론 드라마나 영화뿐만이 아니다. 친구의 고생담을 듣고도 말하는 본인 이상으로 눈물을 흘린다.

그런가 하면 무언가를 보거나 들으면 즉석에서 바로 감탄하는 사람도 있다. 토론 프로그램에서 누가 어떤 의견을 말하면 "그렇지, 확실히 맞아. 역시 배운 사람이야" 하고 감탄한다. 그리고 누가 그것에 반대하면 이번에는 그 사람에 대해서 "음, 맞아, 그 말도 맞아. 이 사람도 똑똑한 걸" 하고 감탄한다. 이렇게 처음부터 끝까지 주변 사람들에게 감탄한다.

회의에서도 자신은 발언하지 않고 다른 사람의 의견에 감탄하거나 계속해서 고개를 끄덕여 동의를 나타낸다. 의견을 물으면 "그 말이 맞다"고 말한다. 음악을 듣거나 미술 작품을 봐도

끊임없이 감동하고 감탄한다. 유명 피아니스트가 피아노를 연주하는 것을 봐도 훌륭한 연주라며 감탄한다. 혹은 누가 약간 재치 있는 말을 하면 "대단하다"는 말을 연발한다. 듣는 사람 입장에서 처음엔 기분이 좋지만 거듭 그런 말을 듣다 보면 오히려 바보 취급 당하는 것 같아 불쾌해진다.

물론 감동하는 것은 좋은 일이다. 인간의 삶에 감동이 없으면 무미건조해진다. 하지만 그렇다고 해서 앞뒤 가리지 않고 무엇에든 감동한다면 어리석어 보인다.

감동하고 감탄하는 것은 쉽게 말해 그것으로 사고가 정지되는 것이다. 생각하는 것을 멈추고 감정에 몸을 맡기는 것을 의미한다. 감동하기 전에 제대로 생각하는 것이 선행되어야 한다.

나는 감동이란 이성적 판단 이후에 생기는 것이라고 생각한다. 음악을 듣는다면 왜 작곡가는 이런 곡을 만들었을까, 왜 연주자는 이런 식으로 연주를 할까, 어떻게 이런 가사를 썼을까 등을 이성적으로 생각해본다. 생각하지 않고 감정과 기분에만 몸을 맡기면 대상을 정확히 이해할 수 없다.

진지하게 생각하고 난 후, 그럼에도 그 이상의 것이 있다거나 아무리 해도 자신의 사고 능력을 넘어선 것이 있다고 깨달았을 때 감동하는 것이다. 감동하는 사람은 딱히 주위에 실질적인 해는 주지 않는다. 개중에는 타인에게 자신이 감동받은 책이나 CD를 빌려주려는 사람도 있는데 상대방이 관심을 보이지 않으면 쉽게 그만둔다. 자신이 감격하고 감동하면 그것으로 끝인 사람들이 대부분이다.

반대로 TV 드라마를 보면서 "연출자가 서툴다", 스포츠 중계를 볼 때는 "배트 휘두르는 게 잘못됐다"며 뭔가 이유를 붙여 불평하는 사람이 있다. 그런 사람 옆에 있으면 점점 불쾌해진다. 하지만 쉽게 감동하는 사람은 다소 시끄러운 면은 있어도 사람을 불쾌하게 만들지는 않는다.

혹시 내가 그런 사람일까?

감동하는 것을 좋아하는 사람은 감동을 원하는 사람이다. 사람들은 감동을 잘하면 감수성이 예민하고 멋진 인간이라고 여긴다. 반면 감동적인 장면을 보고 눈물을 흘리지 않는 사람은 인간미가 없다고 생각한다. 그러나 그것은 잘못된 생각이라는 것을 자각해야 한다.

무엇보다 생각하는 습관을 가져야 한다. 감동하는 것은 이후의 단계라고 생각하자. 그렇게 해서 얻은 감동이 즉흥적인 분위기로 얻은 감동보다 훨씬 깊고 크다는 것을 알아야 한다.

착한 사람이 되고 싶어한다

나쁜 사람이 되고 싶어하는 사람은 물론 아무도 없다. 인간은 욕망을 갈구하고 유혹에도 쉽게 무릎을 꿇는다. 선량하지 않을 뿐만 아니라 피도 눈물도 없이 철저하게 악한 인간도 있다. 그러나 대부분은 그렇지 않다. 타인에게 너그럽게 대해주고 싶어한다. 인간의 대부분은 선량하다.

그런데 사회생활을 하는 이상 그렇게 너그러울 수만은 없다. 엄격하게 해야 할 때는 그렇게 해야 한다. 단념하고 참을 수 없을 때도 있고, 항의하거나 화를 내야 할 때도 있다.

무언가를 선택한다는 것은 또 다른 무언가를 포기한다는 것이다. 어떤 결정에 이익을 얻는 사람이 있으면 불이익을 당하는 사람도 있다. 특히 책임 있는 자리에 있으면 어쩔 수 없이 적을 만들게 된다. 모두에게 좋은 사람일 수는 없다.

그런데 이런 유형의 사람은 그런 결정적인 순간에 상대에게 상처를 주고 싶지 않아서 바른 말을 하지 못한다. 예를 들어 고급 레스토랑에 가서 식사를 하는 도중에 음식에서 이물질이 나와도 단호하게 새 음식으로 교체해달라고 요구하지 못한다. 까다로워 보일까 봐 "미안한데 바꿔주시겠어요" 하고 오히려 자신이 정중하게 부탁을 한다.

거래처 사람과 이야기를 할 때도 상대방이 고압적인 자세로 나오면 바로 약해진다. "아무리 그래도 이건 너무 비싸지 않아요?" 하고 말하면 미안해하며 반값, 아니 3분의 1로 값을 깎아주려고 한다. 또 "이대로라면 우리 회사는 망합니다. 조금이라도 깎아주실 수 없을까요" 하고 우는 소리를 해도 바로 값을 깎아주고 싶은 생각이 든다.

자기 때문에 다른 사람이 괴로워한다고 생각하면 참을 수 없는 것이다. 차라리 자신이 괴로운 편이 낫다고까지 생각한다.

또 이런 유형의 사람은 립 서비스를 중요하게 생각한다. 예를 들어 거래처 사람이 그림을 구입한 이야기를 한다고 하자. 딱히 그 그림이 마음에 드는 것은 아니지만 대화 분위기상 "그림이 멋지네요" 하고 말해준다. 거기서 그치지 않고 "저도 갖고 싶네요"라는 립서비스까지 한다. 그것으로 상황이 종료되면 좋으련만, 상대방이 "같은 화가의 그림 중에 적당한 것이 있어요. 말해줄까요?" 하고 묻는다. 그때 확실하게 거절하면 되는데 그것을 못하고, 결국 질질 끌려가다가 얼떨결에 그림을 사는 지경에까지 이르곤 한다.

이런 유형의 사람은 경솔하게 일을 맡는 경향도 있다. 선량함 그 자체이기 때문에 친구에게 곤란한 일이 생기면 가만히 보고만 있지 못한다. 친구를 위해서 팔을 걷어붙이려고 한다. 일을 맡은 것은 좋지만 제대로 하지 못해서 오히려 친구에게 피해를 주는 경우도 있다.

물론 이런 유형은 선량한 사람이 많지만 어떤 면에서는 타인에게 선하게 보이고 싶어하는 심리의 소유자이기도 하다. 심지어 친구의 빚 보증을 잘못 서서 아내와 자녀를 힘들게 하고, 부모에게 피해를 주게 된다.

그렇게 해서 벌어진 일을 본인이 책임지면 좋은데, 대개는 누군가가 대신 그 뒤처리를 맡게 된다. 그런 의미에서 사실은 스스로 책임을 지지 않는, 아니 실제로는 책임을 질 수 없는 비겁한 면이 있다. 자신의 행동이 결국 다른 사람의 희생을 초래하는 것이라는 사실을 자각해야 한다.

이런 유형의 사람은 눈물로 애원하는 것에 약하므로 무언가 부탁할 일이 있으면 울면서 애원하거나 다소 과장된 표현을 해서라도 의지하고 있음을 보여주면 부탁에 응해주고, 좋은 쪽으로 처리해줄 것이다. 그런 의미에서는 회사 내에 이런 사람이 있으면 도움이 되기도 한다.

그러나 늘 천사표이고 싶어하는 사람이 가까운 친척이라면 골치 아프다. 남을 위해 돈까지 빌리는 등 그가 벌인 일의 뒤치다꺼리가 주위 친척들의 몫으로 돌아오기 때문이다. 그런 사람에게는 “좋은 얼굴만 하려는 자네 뒤치다꺼리는 이제 더 이상 할 수 없어”라고 분명하게 말해야 한다.

혹시 내가 그런 사람일까?

사실 자신은 착한 것이 아니라, 다른 사람이 마음에 상처를 입을까 두려워하거나 남에게 좋은 사람으로 보이고 싶은 것이라는 것을 자각할 필요가 있다. 자기가 느낀 바대로 정직하게 행동하도록 하자.

지적으로 살기 위해서는 분명한 태도가 필요하다. 매번 좋은 얼굴만으로는 살 수 없다. 경우에 따라서는 아무리 친한 사이라도 냉정하게 대해야 할 필요가 있다. 그렇게 해야만 신뢰를 얻는다.

지나치게 꼼꼼하고 친절하다

지나치게 친절한 것도 어리석게 보이는 특징 가운데 하나다.

가령 길을 물었다고 하자. "신호가 있는 세 번째 교차로에서 오른쪽으로 꺾어 50미터 정도 가면 왼쪽으로 1층에 커피숍이 있는 건물이 보인다. 그 건물 3층이다" 하고 말하면 될 것을 지나치게 친절한 사람은 이렇게 설명한다.

"이 길을 따라가면 ○○대로 교차로가 나오는데 그곳을 지나서 다음의 작은 교차로를 건너면 세 갈래 길이 나온다. 그곳은, 오른쪽 모퉁이에는 약국이 있고 옆에는 편의점이 있다. 거기에서 오른쪽으로 꺾어지면 바로 술집이 나오는데, 그쪽으로 50미터 정도 가면 왼쪽에 3층짜리 건물이 있다. 그곳 1층은 커피숍인데 길 쪽으로 간판이 나 있어서 잘 보인다. 그 건물의 3층이다."

친절해지면 질수록 듣는 사람은 쉽게 이해가 되지 않는다. 이런 유형의 사람은 모든 것을 확실하게 하기 위해 처음부터 자세히 이야기하려고 한다. 가령 사람들이 베트남에 갔을 때 맵고 맛있는 음식을 먹었던 이야기를 한다면, "나도 친구와 간 적이 있다"고 말하면서 베트남에서 먹은 음식을 말하면 되는데 그 친구가 어떤 친구인지, 어떤 이유로 베트남에 가게 됐는지 등을 시시콜콜 다 말한다. 그 이야기가 재미있으면 상관없지만 모든 것을 너무 자세하게 말하기 때문에 재미있을 리가 없다.

듣는 사람도 대체 무슨 이야기인지 알 수 없게 되고, 말하는 본인도 너무 세세하게 말하다 보니 정작 말하려는 것이 뭔지 잊어버린다. 그리고 뭐가 뭔지 모른 채 이야기가 끝나버린다.

물론 친절하게 말해주는 것은 좋다. 만약 강연을 해야 하는 자리라서 혼자 10분 이상 말해야 한다면 그런대로 괜찮을 것이다. 특히 그 이야기가 재미있다면 아무도 불평하지 않을 것이다. 그러나 둘 이상이 모여 대화할 경우 그처럼 너무 친절하게 설명하면 이야기에 진전이 없다.

일반적으로 무언가에 대해 설명할 때는, 먼저 대략적인 요점을 말해 상대가 전체적인 것을 파악할 수 있도록 한 다음 상세한 내용으로 들어가는 것이 좋다. 그것이 상대방의 이해를 돕는 설명법이다. 가령 베트남 요리에 관한 이야기를 했다면 당연히 요리 이야기를 해야 한다. 그다음에 상대방이 "그 친구는 어떤 사람이야?" 혹은 "왜 베트남에 가게 됐어?" 하고 질문하거나 다른 주제에 관심을 보이면 그때 설명하는 것이 좋다.

또 이런 유형의 사람은 애써 주위 분위기가 고조되었는데 혼자 심각하고 신중해지는 경향이 있다. 몇 명이 같이 이야기를 하다가 "다음에 같이 자동차 여행을 가자"고 제안한다면, 무엇을 준비해야 할까, 옷은 어떻게 입어야 할까, 돈은 얼마나 가져갈까, 비가 오면 어떻게 할까, 차 사고가 나면 어떻게 할까 등을 생각하기 시작한다. 아니, 생각하는 것에서 그치지 않고 그것을 굳이 말로 표현한다.

물론 사전에 만반의 준비를 하는 것은 좋다. 그리고 실제로 일어날 법한 일을 미리 예상해둘 필요는 있다. 주변 사람들이 여행 기분에 들떠 있을 때 여러 상황을 가정해 준비하는 것은 중요하다. 하지만 그것은 처음부터 생각할 일은 아니다. 우선은 어디로 갈지, 몇 명이 갈지, 언제 갈지 등의 커다란 계획을 정한 다음에 세세한 사안을 짚어가는 것이 현명하다.

이런 유형의 사람은 대화 자리의 흥을 깨거나 이야기의 본질을 벗어나 사람들을 난처하게 만드는 단점은 있지만, 다른 사람이 놓칠 수 있는 세세한 부분을 발견하는 장점이 있다. 따라서 그 사람이 이야기의 방향을 잘못 잡거나, 이상한 이야기를 하려는 것이 아니면 그의 세세한 의견에 일단은 귀기울여 듣고 서로 의논해보는 것이 좋다.

혹시 내가 그런 사람일까?

자각을 하고 못 하고는 과거에 그런 버릇 때문에 난처했던 경험이 있었는지 여부에 달려 있다. 옆에서 "너무 세세한 것에 신경 쓰시네요" 하고 넌지시 말해도 당사자는 알아채지 못하는 경우가 많다.

이런 습관은 보도기사를 읽으면서 고쳐볼 수 있다. 뉴스 기사는 정보를 말할 때 우선 헤드라인을 적고, 다음에 요점을 간결하게 정리한 개요를 쓴다. 그리고 그 후에 본격적으로 내용을 말한다. 그런 방식이 가장 알기 쉽기 때문이다. 만약 헤드라인도 개요도 없이 본문이 시작되면 그것을 이해할 수 있는 사람은 많지 않을 것이다. 신문의 방식을 흉내 내어 문장을 쓰거나 말할 필요가 있다.

말뿐만 아니라 사고도 마찬가지다. 우선 큰 것에 관심을 두고 서서히 작은 것으로 사고의 영역을 좁혀 가는 요령을 익힐 필요가 있다. 처음부터 세세한 것에만 신경쓰다 보면 나무만 보고 숲을 보지 못하는, 즉 전체적인 상황을 제대로 파악하지 못하는 결과를 초래하게 된다.

현상을 정확히 파악하지 못한다

현상을 제대로 파악하지 못하는 사람은 두가지 유형이 있는데 하나는 너무 사소한 일에 걱정하는 유형이고, 다른 하나는 매사에 느긋한 유형이다.

먼저, 그냥 넘어가도 될 만한 사소한 것까지 걱정하는 사람이다. 이런 유형은 이런저런 일들을 앞서서 미리 걱정한다. 예를 들어 출장을 가게 되었다고 하자. 비행기 시간은 괜찮을까, 비행기는 무사히 목적지에 닿을까, 호텔은 괜찮을까, 예약은 제대로 됐을까, 일은 잘할 수 있을까… 하고 차례로 걱정거리가 몰려온다. 그렇게 걱정을 하다 보면 잠도 오지 않는다.

그리고 친한 사람에게 "이번 출장, 괜찮을까?" 하고 우려 섞인 말을 한다. 그뿐만이 아니라 준비상황을 되풀이해 확인한다.

예약은 했는지, 티켓은 지갑에 넣었는지, 비행기의 안전벨트는 고장 나지 않았는지, 예약된 항공사는 안전을 중시하는지 등.

이런 유형의 사람은 모든 일에서 걱정거리를 발견한다. 어떤 질병이 화제가 되고 있다고 하자. 그 병에 걸릴 확률을 계산해 보았더니 한국인 가운데 열 명 정도밖에 되지 않는다. 그런데도 자신이 그 열 명 가운데 들어가지 않을까 하고 걱정한다. 한국에서 한 사람이 병에 걸린다고 해도 그것이 자기가 아니라는 보장은 없다는 생각에 안심하지 못한다.

그런데 이런 유형의 사람은 너무 사소한 것을 걱정하는 나머지 정작 중요한 것을 잊어버리는 경향이 있다. 출장을 예로 들면, 어떻게 되든 상관없는 것들을 걱정한 탓에 중요한 업무 준비를 소홀히 한다. 걱정해야 할 것을 걱정하고 신경을 덜 써도 되는 것에 대해서는 과감히 무시해야 바람직한데 이런 사람은 성격상 그렇게 하지 못한다.

매사에 느긋한 사람도 어리석긴 마찬가지다. 사소한 일에 걱정하는 사람과는 대조적으로 이런 사람들은 다섯 명에 한 명이 병에 걸린다고 해도 아무런 근거도 없이 "내가 그런 병에 걸릴 리 없다"고 확신한다. 아니 "이렇게 하면 반드시 그 병에 걸린다"는 말을 들어도 "괜찮다"고 자신만만해한다.

사소한 일에 걱정하는 사람이 '지금까지 계속 그렇게 해왔는데도 괜찮았다는 것은 이제 슬슬 위험성의 확률이 높아진다는 것'이라고 생각하는 것에 반해, 매사에 느긋한 사람은 '지금까지 괜찮았으니까 앞으로도 괜찮을 것'이라고 생각한다.

게다가 매사에 느긋한 사람은 한두 번 실패했어도 '어떻게 되겠지', '이후에 잘하면 얼마든지 실수를 만회할 수 있겠지'라고 생각한다.

그리고 이런 유형의 사람은 때로 무모한 행동을 하여 비참한 꼴을 당하기도 한다. 일에 실패하거나 배신을 당하거나, 교통사고를 당하거나, 위험한 장소에서 놀다가 사고를 당한다. 때로는 두 번 다시 만회할 수 없는 지경에 처하기도 한다.

사소한 일에 끙끙대는 것과 낙천적인 것. 이 두 가지는 정반대인 것처럼 보인다. 그러나 둘 다 상황을 정확하고 이성적으로 파악하지 못한다는 점에서 다를 것이 없다. 이런 유형의 사람들은 자기 주관에 빠져 현상을 바로 보지 못한다. 물론 누구나 자신의 주관대로 현실을 바라보지만 그 정도가 너무 심한 것에 문제가 있다.

사소한 일에 걱정하는 사람 앞에서는 낙천적으로 행동하고, 낙천적인 사람 앞에서는 작은 것에도 염려하는 연기를 해보자.

업무나 회의 등 중요한 용건을 다룰 경우 상대의 페이스에 끌려가지 않도록 조심해야 한다. 그렇게 하면 우선 피해는 없다. 가장 좋은 대처법은 이런 유형의 사람이 무슨 말을 하든 크게 신경 쓰지 않는 것이다.

혹시 내가 그런 사람일까?

사소한 일에 걱정하는 성격이든 매사에 느긋한 성격이든 모두 인간의 근본적인 성격이므로 고치기란 쉽지 않다.

일상생활에서 둘 가운데 어느 쪽이 살기 어려울까. 사소한 것에 걱정하는 사람은 스스로도 살기 어렵다고 느낄 것이다. 그렇게 느꼈다면 조금이라도 고치는 것이 좋다.

반대로 낙천적인 사람은 자신에게 걱정거리나 힘든 일이 없는 만큼 고칠 생각은 거의 하지 않는다. 만약 본인이 고치겠다는 생각이 없다면 상황을 정확히 읽는 것만으로도 실수를 줄일 수는 있다. 객관적으로 자신이 어떤 상황에 처해 있는지 이해하려고 노력해야 한다.

그러기 위해서는 머릿속으로만 생각할 것이 아니라 필기를 해서 어떤 문제점이 있는지 스스로 파악해보는 것이 좋다. 그렇게 하면 문제점이 명확해져서 쓸데없는 걱정은 하지 않게 된다. 또 낙천적인 사람도 지나친 낙관주의를 조심할 수 있을 것이다.

눈앞의 것에만 관심을 가져 시야가 좁다

애거서 크리스티가 창조한 탐정 중에 가장 유명한 인물은 에르퀼 푸아로이지만, 또 한 명의 탐정 미스 마플도 상당히 매력적인 캐릭터다.

미스 마플의 매력은 폭넓은 시야다. 런던 교외의 시골 마을에 사는 미스 마플은 마을 밖으로 나가는 일은 거의 없고, 그녀가 관찰하는 대상도 마을의 주민들뿐이다. 그래서 언뜻 시야가 좁을 것 같지만, 그녀는 마을 사람의 행동을 보고 역사상의 인물을 떠올리거나, 이전에 알고 지낸 사람의 행동을 떠올리곤 한다. 즉 눈앞의 상황을 보면서 거기에 머물지 않고 지리적으로나 역사적으로 좀더 넓은 세계를 본다. 그렇게 인간관계의 수수께끼를 풀어간다.

시야가 넓은 사람이란 일상적인 것들을 제대로 보면서 그 배경에 국제 정치가 있고, 국제 경제가 있고, 환경 문제가 있고, 글로벌 사회가 있다는 것을 깨닫는 사람이다. 눈앞에 펼쳐지는 일상생활의 변화에서 세계적인 사회 현상을 이해하고, 거꾸로 세계적인 사회 현상을 보면서 일상생활의 미래를 예측한다. 그것이 가능한 사람이 시야가 넓은 사람이다.

이와 반대로 시야가 좁으면 눈앞의 것에만 관심이 있어서 어리석게 보인다. 이런 사람들은 주로 자신에 관한 것이나 자기 주변 이야기만 늘어놓는다.

이런 유형의 사람들이 나누는 대화의 화제는 공통되게 알고 있는 사람의 험담이거나 자랑이다. 그것도 예쁜 옷을 싸게 샀다거나, 요즘 이웃집 여자의 옷차림이 화려해졌다는 일상적인 것들이다. 좀더 범위가 넓어져봤자 TV 드라마나 연예인 이야기다. 그 이상 확대되는 경우는 거의 없다.

일상생활 속에서 정치나 경제에 대해 논할 일은 많지 않을 수도 있다. 먹을 것, 입을 것, 날씨, 유행하는 드라마, 아이의 교육이 일상의 화제가 되는 것이 어쩌면 당연할지도 모른다. 그러나 조금만 깊이 생각해보면 우리의 일상생활은 환경 문제와 국제 정치나 경제와 이어져 있다.

일반인의 일싱생활이 매일의 역사를 만들고 그것은 다시 개개인의 일상에 영향을 끼친다. 그런데 이런 유형의 사람은 그런 문제를 생각하지 않는다. 국제적인 테러 소식으로 세상이 떠들썩한데도 이런 유형의 사람은 그런 문제에는 관심이 없다.

아니, 관심을 갖는다고 해도 그 배경에 무엇이 있는지, 앞으로 국내에 어떤 영향을 미칠지, 그 문제에 어떻게 대처해야 할지에 대해 생각하지 않는다.

환경이 점점 파괴되고 있다. 어떻게든 대처하지 않으면 지구는 인간이 살지 못하는 별이 될지도 모른다. 점점 국제 정치는 위험한 방향으로 흐르고 있다. 우리도 빨리 손을 써야만 한다. 그런 영향이 일상생활에도 영향을 미친다. 환경파괴 때문에 먹거리가 오염되고 있다. 국제 정치의 영향으로 국내 사회도 다양한 변화가 일어나고 있다. 따라서 정치와 사회에 대한 생각을 정리하고 행동에 반영시킬 필요가 있다.

그러나 이런 유형의 사람은 그런 사안은 생각하지 않는다. 내일 어떤 옷을 입으면 센스 있다는 말을 들을까, 어떤 헤어스타일이 어울릴까, 어떤 연예인이 이혼할까, 주말 드라마의 다음 회는 어떻게 전개될까만 생각한다.

연예계 이슈에 관심을 갖는 것이 결코 잘못된 것은 아니다. 일상생활에 충실한 것도 멋진 일이다. 그러나 연예계나 일상에만 몰두하는 것은 어리석은 일이다. 일상 너머에 국가가 있다는 것, 일상생활을 지탱하는 것이 정치와 경제라는 것을 깨달을 필요가 있다.

이런 사람이 같은 직장에 있으면 동료들이 피곤해질 수 있다. 이런 사람과 이야기를 하면 시간 낭비라고 느낄지도 모른다. 편협한 시야 때문에 업무에 직접적인 지장이 있다고 판단되면 그 부분을 명확히 지적하자. 그 이외의 경우에는 대화 상대가 불쾌해하지 않는 선에서 대화의 폭을 조금씩 넓혀보도록 하자.

혹시 내가 그런 사람일까?

주위 사람들이 정치나 경제 이슈에 대한 이야기를 하고 있는데 그 이야기에 낄 수 없다면 자신의 시야가 좁고 지식이 부족하다는 증거다.

정치나 경제를 어려운 공부로 생각해서는 안 된다. 정치나 경제는 우리 일상생활의 기반이다. 물가 문제, 집값, 정리해고, 은행의 통폐합 등 전부 일상생활에 영향을 미치는 문제들이다. 그것을 인식하고 정세를 분석하는 기사나 신문 사설 등을 꾸준히 읽고 생각을 정리하다 보면 시야가 저절로 넓어질 것이다.

즉흥적이고
단편적으로만 사고한다

요즘 젊은이들 중에는 '짱이다', '끝내준다', '역겹다', '꼴사납다' 처럼 한 단어만으로 말하려는 사람이 많다. 눈앞의 사태에 대해서만 반응하다 보니 생기는 현상이다. 어떤 일의 배경이나 본뜻을 생각하려 하지 않고 즉흥적으로 반응하는데 거의 반사 신경에 가깝다.

이런 유형의 사람은 TV 드라마를 봐도 줄거리조차 이해하려 하지 않는 경우가 많다. 드라마의 줄거리와 드라마가 던지는 사회적 메시지, 멋진 대사나 연기자의 연기력보다는 출연자들이 몸에 걸치고 있는 옷이나 액세서리에 먼저 눈길이 간다.

이런 현상은 젊은 사람에게만 해당하는 것은 아니다. 뉴스에서 정치가가 중대 결정을 말하는데도 "센스도 없지, 넥타이 색

깔이 저게 뭐야", "저 사람도 꽤 머리숱이 없구나" 하고 말하는 사람이 적지 않다.

직장의 회의 자리에서도 같은 일이 일어난다. 가령 발언자가 몇 가지 사안에 대해 분석한 자료를 발표한다. 발언자 입장에서는 참석자들이 여러 요소를 종합적으로 고려해 판단해주기를 바란다. 그런데 이런 유형의 사람은 전체를 종합하려 하지 않는다. 눈앞의 한 가지 요소에 반응하고, 눈앞의 것에만 신경을 쓴다. 그런 분석을 하기까지의 상황을 완전히 잊어버리는 경우도 있다.

이런 유형의 사람은 인간을 보는 눈이 단순하다. 인간에게는 부드러운 측면도 있고 냉담한 측면도 있다. 또는 꼼꼼한 면이 있는 반면 덜렁대는 면도 있다. 시간을 갖고 그 사람을 관찰하고 여러 요소를 종합해야만 비로소 그 사람이 어떤 인물인지 알 수 있다.

가령 주위 사람에게 상냥하다고 해서 그것만으로 그 사람이 선량하다고 할 수는 없다. 그런데 이런 유형의 사람은 상냥하다는 것만으로 선량한 사람이라고 판단한다. 거꾸로 퉁명스럽다는 것만으로 성격이 못된 사람이라고 판단한다. 그리고 일단 그렇게 판단하면 그 사람이 그와 모순되는 행동을 해도 자기 의견을 수정하려 하지 않는다. 어지간히 강한 인상을 남기지 않는 이상 그 사람에 대한 첫인상을 수정하지 않는다.

현명하다는 것은 여러 현상을 종합적으로 분석하고, 거기에서 정확한 결론을 이끌어내는 것이다. 종합적으로 판단하지도 않고 개별적인 요소에만 신경을 쓰며 각각에 대해 반사적인 반응을 보이는 것으로는 정확한 결론을 이끌어낼 수 없다.

이런 사람에게는 우선 단편적 감상이 얼마나 어리석은 것인지 분명하게 가르쳐줄 필요가 있다. 평소 이런 식으로 말하는 사람이 있다면 의도를 분명하게 지적해서 물어보자. "왜 꼴사납다고 생각했지? 설명해주지 않으면 이해하기 어려운데" 하고 꼬집어 말하는 것이다. 그렇게 하면 처음에는 '따지려 든다'고 생각할 수도 있지만 상대방의 대화습관은 점점 개선될 것이다.

혹시 내가 그런 사람일까?

표면적인 것으로 사물을 판단해서는 안 된다. 그 현상의 의미, 배경에 있는 이유 등을 종합적으로 판단할 필요가 있기 때문이다. 지금 당장 감상을 말하고 싶어도 조금 참고 좀더 생각을 정리한 후에 말해도 늦지 않다. 그렇게 하면 경솔하다는 인상을 주지는 않을 것이다.

현실을 무시한 채 이상론만 말한다

무슨 말을 하든 훌륭한 것, 이상적인 것만 말하는 사람이 있다. '정론만 내세우는 것'과 마찬가지로 현실을 모르는 사람인데 그것을 주위 사람에게 강요하지는 않기 때문에 실질적인 해를 끼치는 타입은 아니다. 다만 본인이 세상물정 모르는 어리석은 사람 취급을 당할 뿐이다.

학부모 회의 때 의견을 물으면, "선생님이 아이들을 진심으로 사랑해서 열심히 가르치는 모습에 감동했다", "아이들이 서로에 대해 배려하는 모습에 감동했다"는 식의 감상을 말한다. 책을 읽어도 "아름다운 마음을 갖고 열심히 살아가는 가난한 사람들의 모습이 눈물겨웠다"는 감상을 늘어놓는다.

초등학교나 중학교 선생님들도 이런 유형의 생각을 말로 하는 사람이 많다. "어린이는 천사입니다. 우리에게 아름다운 마음을 보여주죠", "우리는 어린이의 순수함을 신뢰합니다" 하고 말한다.

이런 유형의 사람은 '아름다운 마음', 상냥한 마음씨' 같은 말을 쓰고 싶어한다. 현실의 어린이들은 악의에 차서 종종 교내 집단 따돌림 문제나 폭력사건을 일으키는데도 아이들에 대해 좋은 말만 연발한다.

이런 사람에게는 현실에서 일어나는 문제에 대처하는 힘이 부족하다. 게다가 현실의 추악하고 어두운 면은 못 본 척한다.

그런 말을 하는 사람의 마음이 정말로 아름다워서 현실의 좋은 면만을 보는 것이라면 그것대로 의미가 있다. 물론 인간의 아름다운 면을 보는 것은 필요하다. 어떤 일의 좋은 면만 보인다는 것은 그 사람의 마음이 그야말로 아름답다는 것을 의미할 수도 있다.

그러나 무조건 좋은 말, 아름다운 말, 이상적인 말만 하는 것과 그 사람의 마음이 아름다운 것과는 별개의 문제다. 이상 세계는 머릿속에만 있을 뿐 현실과는 다른 경우가 많다. 그래서 "어린이들의 순수함을 믿습니다"라고 말하는 사람이 현실에서는 자녀의 말을 믿지 못하고 무조건 아이를 다그치고 혼내는 경우도 많다.

굳이 말할 것도 없이 사물은 아름다운 면만 있는 것은 아니다. 욕망과 모순으로 가득할 때도 있다. 이상을 추구하는 데도 많은 모순이 생길 수 있다. 의도가 좋아도 난처한 상황이 벌어질 때도 많다. 그러한 현실을 직시해야 비로소 사물을 진지하게 바라볼 수 있다.

현실을 무시하고 그저 아름다운 것만 말하는 것은 어리석은 짓이다. 눈앞의 현상을 제대로 보지 않기 때문이다. 물론 아름답고 선한 가치는 중요하고 어느 세계나 그것을 추구하려고 한다. 교육계는 어린이의 심신을 바르게 키우기 위해, 식품업계는 국민의 식생활을 풍요롭게 하기 위해서라는 건전하고 선한 목표를 갖고 있다.

그러나 그렇다고 해서 세상이 모두 그런 것은 아니다. 사물에는 아름답고 선한 것만으로는 통하지 않는 면도 있다. 그것에 제대로 대처해야만 현실을 바꿀 수 있다. 현실의 혹독함을 알아야 어른이라고 할 수 있다. 무엇이든 이상론만 내세울 것이 아니라 제대로 현실을 직시한 다음 이상을 향해 조금씩 나아가고, 이상을 실현하기 위해 구체적인 방안을 갖고 있는 것이 성숙한 태도다.

이상론만 말하는 사람을 대할 때 당장 그에게 현실을 인식시키려 하기보다 일단 옆에서 지켜보자. 그러다가 그 이상론을 주변 사람들에게 강요하면 "그런 이상은 통하지 않으니 현실을 똑바로 볼 필요가 있다"고 분명하게 말해주자. 나아가 그 사람이 말하는 이상을 구체적으로 실현하기 위해서는 어느 정도 현실적인 대책이 필요한지, 그것이 얼마나 어려운 일인지를 이해시킬 필요가 있다.

혹시 내가 그런 사람일까?

내가 처한 현실을 제대로 알려는 노력이 필요하다. 세상일은 이상만으로 돌아가지 않는다. 사람이 악의로만 행동하지 않는 것처럼 선의로만 행동하는 것도 아니다.

이상이 있으면 현실이 있다. 그것을 명심하고 행동할 필요가 있다. 만약 좋은 환경에서 자라 진심으로 그러한 이상론을 믿는다면 도시 중심가의 뒷골목이나 슬럼가, 유흥가 골목에 가보기를 권한다. 하룻밤 걸어보면 세상이 깨끗하고 아름답지만은 않다는 것을 알 수 있다.

혹은 만약 자신이 원칙적이고 아름답고 선한 것밖에 말할 수 없는 입장에 있다고 느낀다면 "어린이들은 천사의 마음을 갖고 있다"라고 말할 것이 아니라 "어린이들은 천사의 마음을 갖고 있다고 믿고 싶다"는 식으로 말할 필요가 있다. 그렇게 현실은 알지만 이상을 추구한다는 인상을 주면 완전히 단순하고 어리석게 보이지는 않을 것이다.

다른 데서 얻은 지식을 자신의 의견인 양 말한다

타인의 의견을 그대로 받아 옮기는 사람이 있다. 물론 그것이 책이나 신문에 나온 정확한 내용이고 그대로 옮기는 내용이 자기 것이 된다면 그것도 나쁘지는 않다. 인간은 누구나 처음에는 남의 것을 인용하고 모방하면서 점차 자신의 의견을 갖게 된다. 따라서 출처를 밝히는 것을 전제로 어려운 책의 내용을 그대로 옮기거나 철학을 논하고, 존경하는 인물의 저서를 인용하는 것은 나쁘지 않다. 고전이라 할 만한 명저에는 마음속에 새겨둘 내용이 가득하다.

하지만 이미 화제가 되어 누구나 알고 있는 책의 내용을 마치 자신의 의견인 것처럼 말하는 것은 조금 곤란하다. 특히 어리석어 보이는 경우는 신문의 사설을 그대로 인용하는 사람이다.

신문에서 화제가 되고 있는 것을 그대로 직장에 와서 이야깃거리로 삼는다. 신문 기사를 비판하면서 그것에 대해 토론하려는 것이면 그래도 낫다. 문제는 신문에 쓰여 있는 것과 똑같은 논조로, 똑같은 예를 들면서 똑같은 이야기를 하는 경우다. 이는 신문 기사를 그대로 반복하는 것에 불과하다.

이미 그 내용을 알고 있는 사람이라면 그 사람의 이야기가 더욱 따분할 것이다. 특히 선정적이고 자극적인 내용을 주로 다루는 언론에 등장한 이야기를 그대로 말하는 사람도 있다. 그런 사람은 자신의 어리석음을 더욱 드러내게 된다.

내가 아는 친구 중에도 그런 사람이 있었다. 한 야구팀의 팬이었는데 스포츠 신문에 그 팀의 분석이 나올 때마다 그것을 자신의 의견인 양 말한다. 야구 세계에서 감독의 교체나 대형 트레이드가 있으면 스포츠 신문에 나왔던 평론가의 의견을 그대로 이야기하기 시작한다. 물론 그 사람이 정말로 야구 마니아여서 실제로 자주 경기장에 간다면 그의 의견은 경청할 만한 가치가 있다. 자신의 눈과 귀로 판단하는 것이니까. 그런데 그 사람은 경기장에 가지 않는다. 그저 스포츠 신문을 읽고 기자와 평론가가 말하는 것을 그대로 말할 뿐이다.

심지어 그 친구는 스포츠에 대해서만 관심이 있는 것이 아니라 정치나 외교에 대해서도 그런 식으로 말하는데 그것 역시 스포츠 신문에서 읽은 내용이다. "야당 ○○파의 누구와 △△파의 누구는 사실 친한 친구 사이라서 이번 선거에서 어떻게 될지 모르겠어" 하는 말을 마치 자기 분석처럼 이야기한다.

게다가 그런 사람은 장황하게 이야기를 늘어놓으려고 한다. 듣는 상대방도 출처를 알고 있어 대답하기가 난처하다. 만약 다른 사람의 의견을 자기 의견처럼 말하려 할 때는 적어도 어디에서 인용했는지 모를 만한 내용을 말하는 것이 예의다. 구독자가 수십만, 수백만 명인 잡지나 신문의 의견을 당당하게 자신의 의견인 양 이야기하는 것은 본인은 생각하지 않고 아는 척만 하는 어리석은 사람이라는 것을 스스로 드러내는 것이다.

어느 정도 지위가 높은 사람이거나 자존심이 강한 사람일 경우를 제외하고 이런 유형의 사람에 대해서는 단호하게 "그 내용, 이미 읽었습니다" 하고 말하는 것이 올바른 대응 방법이다. 혹은 "꼭 스포츠 신문에 써 있는 그대로네요" 하고 정확하게 지적해주자. 상대가 부하직원이라면 "기사의 내용을 마치 자신의 의견인 양 말하는 것은 어리석어 보이니까 그만하게" 하고 솔직하게 말해주는 것이 좋다.

또 이런 말에 경청하는 태도를 보이면 더 장황하게 이야기를 늘어놓기 때문에 아예 관심을 보이지 않는 것도 방법이다.

혹시 내가 그런 사람일까?

다른 사람의 의견을 자신의 의견으로 말할 때는 우선 그 의견을 제대로 소화한 후 그것을 참고해 새로운 의견을 제시해야 한다. 그것이 불가능할 때는 '누가 이렇게 말했다' 하고 명확하게 덧붙여야 한다.

말하고 싶은 내용을 다시 한번 자신 안에서 떠올리는 습관을 가져야 한다. 그렇게 하면 지금 말하고 싶은 것 또는 말하고 있는 것이 사실은 그날 신문에서 읽은 다른 사람의 의견이라는 것을 깨닫게 된다.

또 신문에 나온 의견을 그대로 받아들이는 것이 아니라 상반된 입장에서 따져보는 것도 도움이 된다. 그렇게 하면 타인의 의견을 자신의 의견처럼 말하지 않게 된다. "누구는 이렇게 말했지만 나는 그렇게 생각하지 않는다" 하는 말로 표현하면 적어도 어리석게는 보이지 않는다.

가능하면 재미 위주로 작성된 짧은 글이나 유머 서적이 아니라 좀더 수준 있는 책을 읽는 것이 좋다. 전문 분야의 책 가운데 그대로 내용을 옮겨도 창피하지 않을 만한 것이 얼마든지 있다. 그런 책들을 읽으면 지식이 늘어 얕은 분석을 늘어놓지 않게 될 것이다.

나는 대화법을 전문으로 가르치는 사람이 아니다. 초등학생부터 성인까지 모든 연령대를 대상으로 논술과 작문을 지도하고 문장 작성법에 관한 글을 쓰는 사람이다. '문장 지도의 프로'라고 할 수 있을지는 모르지만, 사실 대화에는 서툴다.

선천적으로 내성적이고 말이 없는 데다 사람들 앞에 서면 주눅이 든다. 머리 회전도 빠른 편이 아니어서 종종 상대의 말에 설득당한다. 처음 보는 사람과 이야기를 해야 하는 상황에서는 잔뜩 겁을 먹고 겁쟁이가 된다.

그런 내가 이 책을 쓰게 된 데는 두 가지 이유가 있다.

첫 번째 이유는 대화와 문장에는 공통점이 많다는 것을 알았기 때문이다. 30년 전부터 지금까지 나는 대학입시 논술을 중심으로 6만 편 이상의 논술과 작문을 첨삭 지도해왔다. 나의 지도 방향은 주로 근거가 부족하고 앞뒤가 맞지 않는 문장을 어떻게 하면 어법에 맞고 예리한 문장으로 고칠 수 있을까 하는 점에 있었다.

그러다 보니 어리석은 문장의 특징은 어리석은 대화에 나타나는 특징이기도 하다는 것, 그리고 수십 년에 걸쳐 쌓아온 나의 문장 지도가 그대로 대화법에도 통용된다는 확신을 갖게 되었다.

두 번째 이유는 나 자신이 남과 대화하는 것에 서툴어 대화법을 배워야 했기 때문이다. 주변 사람들의 말투를 유심히 관찰하면서 배워야 할 대화법과 반면교사로 삼아야 할 대화법을 파악할 수 있었다.

일의 특성상 사람들 앞에서 말하거나 이야기를 들을 기회가 많다. 업무상 상담도 많이 한다. 그런 경우 어떤 식으로 말해야 상대를 설득할 수 있고 상대의 마음을 끌 수 있는지, 혹은 어떤 식으로 말하면 상대가 외면하고 꺼리는지 늘 의식하고 있었다.

이 책은 그렇게 해서 발견한 어리석은 대화습관의 예를 정리한 것이다. 그런 의미에서 이 책은 내가 대화의 하수이기 때문에 쓸 수 있었던 셈이다. 이 책을 통해 나처럼 대화하는 것에 서툴고 콤플렉스를 갖고 있는 사람도 조금만 주의를 기울이고 조금만 훈련하면 어리석은 대화습관을 피할 수 있다는 것을 보여주고자 했다.

이 책에서 예시한 대화습관은 대부분 모델이 있다. 그들 가운데는 존경할 만한 인사들도 많이 있다. 지적인 사람도 때로는 어리석게 말한다. 그런 지적인 사람이 범하는 어리석은 대화습관도 이 책에 가감없이 예로 인용했다. 인용 사례의 모델이 되어준 분들에게 이 자리를 빌려 감사와 사과의 말을 전하고 싶다. 또 이 책이 완성되기까지 도와주신 많은 분께 진심으로 감사의 말을 전한다.

사람이 따르는 말
사람이 떠나는 말

1판 1쇄 2023년 11월 22일
1판 2쇄 2024년 10월 22일

지은이 히구치 유이치
옮긴이 홍성민

편집 정진숙 디자인 레이첼 마케팅 용상철
인쇄·제작 도담프린팅 종이 아이피피(IPP)

펴낸이 유경희 펴낸곳 레몬한스푼
출판등록 2021년 4월 23일 제2022-000004호
주소 35353 대전광역시 서구 도안동로 234, 316동 203호
전화 042-542-6567 팩스 042-542-6568 이메일 bababooks1@naver.com
인스타그램 bababooks2020.official
ISBN 979-11-982120-5-4 03190

레몬한스푼은 도서출판 바바의 출판 브랜드입니다.